O PODER DA ORAÇÃO

O PODER DA ORAÇÃO 2

Rezar com o Espírito Santo

EDITORA
SANTUÁRIO

Dados Internacionais de Catalogação na Publicação (CIP)
(Câmara Brasileira do livro, SP, Brasil)

Catalfo, Carlos Eduardo
O poder da oração: rezar com o Espírito Santo / Carlos Eduardo Catalfo. — Aparecida, SP: Editora Santuário, 1999.

ISBN 85-7200-620-6 (vol. 1) – ISBN 85-7200-683-4 (vol. 3)
ISBN 85-7200-700-8 (vol. 2) – ISBN 85-7200-790-3 (vol. 4)

1. Espírito Santo 2. Orações I. Título.

99-2259 CDD-242.72

Índices para catálogo sistemático:

1. Espírito Santo: Orações: Literatura devocional 242.72
2. Orações ao Espírito Santo: Literatura devocional 242.72

Imprima-se

Aloísio Cardeal Lorscheider
Arcebispo Metropolitano de Aparecida
Aparecida, 1 de junho de 2000

Projeto Editorial: Pe. Flávio Cavalca de Castro, C.Ss.R.

Seleção de Textos: Pe. Carlos Eduardo Catalfo, C.Ss.R.

14ª impressão

Rua Pe. Claro Monteiro, 342 – 12570-000 – Aparecida-SP
Tel.: 12 3104-2000 – Televendas: 0800 - 16 00 04
www.editorasantuario.com.br
vendas@editorasantuario.com.br

Concede-me,
Senhor meu Deus,
uma inteligência que te conheça,
uma angústia que te procure,
uma sabedoria que te encontre,
uma vida que te agrade,
uma perseverança que te espere
com confiança
e uma confiança que te possua,
enfim!

Santo Tomás de Aquino

Aparecida, 1º de junho de 2000

Prezado Pe. Flávio Cavalca de Castro,

DD. Diretor Editorial da Editora Santuário,

Tendo examinado o livro "O poder da oração — rezar com o Espírito Santo", concedo *o imprimatur.* Considero este livro de orações um autêntico Catecismo. A pessoa que orar vocal e oralmente irá só por isso já conhecendo melhor a Nosso Senhor. Meus parabéns!

Aloísio Card. Lorscheider
Arcebispo de Aparecida-SP

SUMÁRIO

Prefácio 15
Introdução 17

Orações para todos os dias 21
Oração da manhã
Deus, refúgio e força 21
Oração da manhã 21
Oferecimento do dia I 22
Oferecimento do dia II 22
Prece popular no fim do dia 23
Oração da noite I 23
Oração da noite II 24
Oração da noite III 25
Oração antes das refeições 25
Oração da mesa 26
Oração depois das refeições 27
Oração antes da leitura bíblica 27
Oração antes da leitura da Bíblia 28

Orações da manhã ao Espírito Santo 29
Vinde, Espírito de criação 29
Vinde, Espírito de santidade 29
Vinde, Espírito consolador 30
Vinde, Espírito de fidelidade 31
Vinde, Espírito de saúde 31
Vinde, Espírito de paz 32
Vinde, Espírito de perdão 33

Vinde, Espírito de amor 33
Vinde, Espírito de coragem 34
Vinde, Espírito de justiça 34

Orações à Santíssima Trindade 35
Súplica à Santíssima Trindade 35
Consagração à Santíssima Trindade 36
Saudação à Santíssima Trindade 36
Símbolo niceno-constantinopolitano 37
Prece a Deus 38
Oração de São Francisco à Santíssima Trindade 39

Orações a Deus Pai 41
Pai-nosso invisível 41
Nós te damos graças, Deus nosso Pai 42
Nós te damos graças 43
Solilóquios 44
Louvores a Deus 44
Teu nome de Pai 45
Nas tuas mãos 46
Abba! Pai! 47
Hino a Deus 48

Orações a Jesus Cristo 49
Filho do Deus vivo 49
Oração ao Sagrado Coração de Jesus 49
Oração a Cristo Rei 50
Viver na Eucaristia 50
Oração ao Bom Jesus dos aflitos 51
Vi nascer um Deus 52
Oração ao crucificado 53

Ladainha do Santíssimo nome de Jesus ... 54
Chamou-a pelo nome ... 57

Orações ao Espírito Santo ... 59
Que o meu coração seja tua habitação amada ... 59
Vem, Espírito Santo ... 60
Prece ao Espírito Santo ... 61
Luz de minha alma ... 62
Sabedoria de Deus ... 63
Vem, Espírito de verdade ... 64
Espírito de amor ... 65
Vem, Santíssimo Espírito ... 66
Presença do Espírito ... 67
Súplica ao Espírito Santo ... 68
Deus amor ... 69
Autor dos dons celestes ... 69
Faze-me conhecer ... 71
Doce luz, Espírito Santo ... 71
Sopro de Deus ... 72
Oração dos casais ao Espírito Santo ... 73
Espírito de Deus ... 74
Vem, Espírito Criador ... 74

Orações a Nossa Senhora ... 77
Hino a Maria ... 77
Oração a Nossa Senhora na festa da Akátistos ... 78
Virgem do meio-dia ... 79
Lembrai-vos ... 80
Santa mãe do redentor — alma redemptoris mater ... 80
Salve, Rainha do céu — Ave Regina Coelorum ... 81

Vim apenas te ver... 82
Prece a Maria, nossa Mãe 83
Súplica a Maria 84
Bom parto 84
Boa viagem 85
Rosa Mística 86
Nossa Senhora da América 87
Perpétuo Socorro 87
Nossa Senhora Auxiliadora 88

Orações aos Santos 89
A Santo Antônio 89
Bênção de Santo Antônio 89
Oração a São Judas Tadeu 90
Oração a Santa Mônica
pela conversão de um filho ou filha 91
A São José 91
A Santa Luzia 92
A São Cristóvão 93
A Santo Afonso de Ligório 94
A São Benedito 95
A São Jorge 95
A São Bento 96
Oração a São Manoel — mártir 96
Consagração de Santa Teresinha 97
Oração ao santo do meu nome 98

Orações pela família 99
Oração da família I 99
Oração da família II 100
Oração da família III 100
Oração da família IV 101
Orações da família reunida 102

Oração do casal ... 103
Oração dos esposos ... 104
Oração de casais recasados ... 105
Oração pelo lar ... 106
Oração da dona-de-casa ... 107

Orações pelos agonizantes, pelos mortos e pelas almas do purgatório ... 109
Oração pelos agonizantes ... 109
Última meditação à véspera da morte ... 109
Pelos mortos I ... 111
Pelos mortos II ... 111
Pelas almas I ... 112
Pelas almas II ... 113
Oração a Nossa Senhora da Consolação pelas almas ... 115
Oração às almas ... 116
Ladainha pelas almas do purgatório ... 117
Terço das almas ... 119
Novena das almas ... 120

Orações nas diversas necessidades ... 121
Oração pela fé ... 121
Oração do caminhoneiro ... 122
Oração pelas vocações I ... 123
Oração pelas vocações II ... 124
Oração missionária ... 124
Bênção dos romeiros ... 125
Oração do leigo ... 126
Oração dos namorados ... 127
Oração dos noivos ... 128
Oração do técnico ... 129
Oração do advogado ... 130

Oração do aviador ... 131
Oração do estudante ... 132
Oração da alegria ... 133
Oração em tempo de injustiça ... 134
Oração da paz interior ... 135
Só Cristo pode... ... 136
Prece pelo Brasil ... 137
Oração do motorista ... 138
Oração de criança I ... 138
Oração de criança II ... 139
Oração do animador de comunidades ... 140

Orações na doença ... 141
Oração pelo feliz êxito de uma operação ... 141
Oração para obter saúde ... 142
Oração pelos doentes ... 143
Oração na doença ... 144
Oração pela cura de uma criança doente ... 146
Para diminuir as preocupações ... 146
Oração pelos cancerosos ... 147

Orações de adoração, de louvor e de ação de graças ... 149
Ação de Graças I ... 149
Ação de Graças II ... 150
Sede de Deus ... 151
Louvor a Cristo ... 152
Bendito sejas, Senhor ... 153
Cântico das criaturas ... 154

Orações de poder e de renúncia ... 157
Deus de benevolência ... 157
Renovação das promessas do batismo ... 158

Consagração a Jesus Cristo, a Sabedoria encarnada, pelas mãos de Maria 159
Oração de libertação das maldições 162
Deus do universo 166

Orações de cura diante do Santíssimo Sacramento 169
Oração pedindo a paz de Jesus 169
Oração pedindo bênção 170
Oração pedindo riqueza espiritual 172
Oração pelas necessidades do mundo 173

Orações de abandono e confiança 175
Confiar na Providência 175
Entrego-me a ti, Senhor 176
Para onde ir? 177
Programa de vida 177
Na mão de Deus 178
Caminho, verdade e vida 179
Conduz-me, doce luz 180
Oração de Santo Tomás de Aquino 181

Orações de sabedoria 183
Oração da sabedoria 183
Oração de Salomão 183
Meu Senhor e meu Deus... 184
Dai-me sabedoria 185

Orações de arrependimento e conversão 187
Pequei, Senhor 187
Acolha-me Senhor 188

Quando rezar os salmos 189

PREFÁCIO

Está sendo lançado agora o segundo volume do livro "O Poder da Oração", dos padres Flávio Cavalca de Castro e Carlos Eduardo Catalfo. A edição do primeiro volume saiu veloz como o vento. Agora sai o segundo, com mais orações, todas escolhidas entre as mais belas para você rezar com gosto e devoção.

Importa rezar. Cristo rezou e ensinou a rezar. Os discípulos viram que Jesus rezava. Viram também que fazia de um modo diferente dos fariseus. Por isso pediram que lhes ensinasse a rezar. Foi nessa ocasião que Jesus lhes ensinou a oração do "Pai-nosso". São dele também essas palavras: "Convém rezar sempre e nunca deixar de fazê-lo".

Muitos, queixando-se, dizem que não são atendidos em suas orações. É que rezam mal: rezam sem fé; rezam sem modos, duvidando e impondo; rezam só para pedir e pedindo só o que lhes convém; rezam só quando as coisas não vão tão bem quanto querem. Então deixam de rezar. Outros não acreditam na força da oração. Por isso se esvaziam, isto é, ficam sem ter nada para oferecer aos outros. Com o tempo eles mesmos perdem o sentido da vida. Por isso não vivem, vegetam.

Há diversos tipos de oração. Há a oração de quem adora, de quem expia, de quem bendiz e de quem agradece. Está certo quem disse: "Quem se esquece de agradecer pelas alegrias que Deus lhe dá, não se lembrará de confiar até mesmo nos momentos de pequenas tristezas".

Os amigos, por melhores que sejam e por mais que queiram fazer por nós, nem sempre podem satisfazer-nos. Deus é o único que sempre nos entende e atende. Ele é o único a quem podemos dirigir-nos em todas as necessidades materiais e espirituais com a certeza de que seremos atendidos. Às vezes, por vários motivos, ele tarda, mas nunca falha!

Pedir em nome de Jesus significa pedir com fé e confiança. Abramos os evangelhos para ver como os miraculados pediam favores a Jesus. Pediam crendo e amando. Se pedimos favores aos amigos do rei, por que não crer que os santos são nossos amigos junto de Deus? Eles podem interceder por nós.

Ache tempo para rezar. Dirija-se a Deus como crianças que pedem coisas aos pais. Deixe que ele lhe conceda não o que você pede, mas o que há de ser o melhor para a sua vida.

Há santos que fizeram milagres na terra. É que souberam rezar. Hoje, no céu, eles podem fazer mais por nós. Não peça milagres a Deus. Antes, peça a graça de saber rezar como os santos rezaram. É então que, maiores do que os que você espera, os milagres acontecem!

Siga este conselho: "Qualquer que seja a sua atividade, não se ponha no meio dos homens sem antes ter uma conversa com Deus"!

Pe. Orlando Gambi, C.Ss.R.

ORAÇÃO É UM ENCONTRO DE AMOR

Deus ama você.

Deus ama você com um amor maior. Foi por isso que Deus criou você e quer fazê-lo feliz. Foi por isso que Deus criou tudo o que existe. Deus é bom.

Foi Jesus quem nos ensinou que Deus é nosso PAI. Jesus mesmo chamava Deus de ABBA, que em hebraico quer dizer PAI.

Você também pode chamar Deus de Pai. Pode confiar nele, porque ele quer ajudar você a ser feliz.

A ORAÇÃO É NOSSO ENCONTRO COM DEUS. Ele nos ama e compreende. Você pode falar com ele, pode dizer com toda a simplicidade que o quer bem, que está contente porque ele é seu Pai. Pode dizer que precisa dele. Você pode conversar com ele para dizer até o que nem era preciso dizer, porque ele é seu Pai, é seu Amigo. Ele vê dentro de seu coração e sabe tudo antes de você dizer. Mas ele quer conversar com você. ORAÇÃO É FICAR PERTO DE DEUS.

Você pode estar sempre junto de Deus, mas, pelo menos de vez em quando, você precisa prestar mais atenção em Deus. Conversando mesmo com ele. E conversar é falar e ouvir.

Para você viver esses encontros de amor com Deus é bom pedir a inspiração do Espírito Santo. Essa inspiração, que na verdade são os dons do Espírito Santo: sabedoria, entendimento, conselho, fortaleza, ciência, piedade e temor de Deus, irá ajudá-lo a falar e ouvir, saber conversar com Deus. O Espírito Santo faz você conhecer esse Deus que é amor, que é Pai.

ORAÇÃO É:
— estar com Deus
— ouvir o que ele diz
— dizer que você o quer bem
— agradecer o que ele fez por você
— pedir o que você precisa
— pedir perdão.

Como conversar com Deus

É só Deus mesmo que pode ensinar você a conversar com ele. Contanto que você escute e responda. A gente aprende conversar conversando.
— CONVERSE SEMPRE COM DEUS, em qualquer lugar, sempre que você se lembrar dele. Converse no coração. Ninguém precisa saber que você está conversando com Deus.
— DE VEZ EM QUANDO PARE UM POUCO, para conversar mais devagar com Deus. Para não se esquecer, marque um horário certo para esse *encontro com Deus*. E dê um jeito de não faltar.

— ARRANJE UM LUGAR QUIETO para sua conversa com Deus.

— COMECE PEDINDO QUE ELE AJUDE NA CONVERSA. E depois deixe um tempinho para ele falar. Aos poucos ele vai ensinar você muitos jeitos de conversar com ele.

— PARA OUVIR A DEUS VOCÊ PODE LER UM POUCO. Ou do Evangelho, ou deste livro, ou de qualquer outro. Mas não leia só com os olhos. Leia também com a boca e o coração. Leia devagar.

— PROCURE VER O QUE DEUS QUER DE VOCÊ, o que ele acha das pessoas, dos acontecimentos e das coisas.

— VÁ RESPONDENDO E DIZENDO o que você pensa, o que você quer, o que está faltando, se você está alegre ou se está triste.

— PARA AJUDAR NA CONVERSA, você pode ir repetindo bem devagar alguma oração que você sabe de cor, ou alguma oração deste livro. Ou até pode cantar alguma coisa.

— FALE TAMBÉM COM O SEU CORPO. Com a sua posição mostre o que você está fazendo. Faça gestos. Feche os olhos se isso ajudar você a prestar mais atenção.

— QUANDO ACABAR A ORAÇÃO, a sua conversa com Deus, agradeça o encontro e prometa voltar logo.

Padre Flávio Cavalca de Castro, C.Ss.R.

ORAÇÃO DA MANHÃ
DEUS, REFÚGIO E FORÇA

Salmo 46,1-6

"Deus é nosso refúgio e fortaleza,
socorro bem presente no dia da angústia.
Pelo que não temeremos, ainda que a terra se mude,
e ainda que os montes se transportem para o meio dos mares,
ainda que as águas rujam e se perturbem,
ainda que os montes se abalem pela sua braveza.
Há um rio cujas correntes alegram a cidade de Deus,
o santuário das moradas do Altíssimo.
Deus está no meio dela, e não será abalada;
Deus a ajudará ao romper da manhã!"

ORAÇÃO DA MANHÃ

Senhor Deus, querido Pai. Eu creio em vós. Eu espero em vós. Eu vos amo. Eu vos agradeço mais este dia que começa. Eu vos dou graças pela vida que me estais dando e eu vos ofereço mais este dia, com todas as alegrias e sofrimentos, com todo o trabalho e divertimento.

Guardai-me do pecado e fazei de mim um instrumento de vossa paz e do vosso amor. Ajudai-me a observar os vossos mandamentos.

Abençoai, Senhor, a minha família, as famílias da comunidade, do País e do mundo, para que haja mais paz.

Estejai comigo, Senhor, em todos os instantes de mais este meu dia.

Amém.

OFERECIMENTO DO DIA I

Eu vos ofereço, meu Deus, em união com o Santíssimo Coração de Jesus, por intercessão do Imaculado Coração de Maria, as orações, ações, sofrimentos e alegrias deste dia, em reparação de nossas ofensas e por todas as intenções, pelas quais o mesmo divino Coração está continuamente intercedendo e sacrificando-se em nossos altares. *(Acrescente sua intenção especial.)*

OFERECIMENTO DO DIA II

Senhor, eis-me aqui. Estou pronto para ajudar-vos, para contribuir na construção de uma humanidade mais feliz, na construção de vosso Reino de Amor. Os irmãos me esperam! E todos necessitamos uns dos outros: eles precisam de mim e eu preciso deles. Sem vós, porém, nada posso, Senhor. Tornai-me instrumento eficaz para servir-vos em vossa obra e na salvação dos meus irmãos. Quero, junto com eles, encontrar, em vós, a felicidade. Amém.

PRECE POPULAR NO FIM DO DIA

Com Deus me deito. Com Deus me levanto. Com a graça de Deus e do divino Espírito Santo.

Nossa Senhora me proteja com seu manto. O Senhor Jesus Cristo, Filho da Virgem Maria, me acompanha esta noite, amanhã e todo dia.

Qual é a melhor luz? Jesus.
Qual é a melhor guia? Maria.
Qual é o melhor patrão? José.
Assim como isso verdade é,
valei-me, Jesus, Maria e José.

ORAÇÃO DA NOITE I

Ó meu Deus eu vos amo de todo o meu coração. Dou-vos graças por todos os benefícios que me fizestes, especialmente por me haverdes feito cristão. Creio em vós e em vós confio. Ofereço-vos tudo o que hoje fiz de bom e peço-vos que me livreis de todo o mal.

ATO DE CONTRIÇÃO: Meu Jesus, eu me arrependo dos meus pecados e prometo com a vossa graça, nunca mais vos ofender.

ORAÇÃO DA NOITE II

"Senhor, ficai conosco, já é tarde e já terminou o dia" (Lc 24,29).

"Tudo é dom de Deus. É preciso saber dizer muito obrigado!

Nossos dias são ricos dos presentes que o Senhor nos oferece. Se soubéssemos olhá-los e fazer deles um inventário, seríamos, cada noite, como um 'rei por um dia', inebriados e felizes de tantos bens oferecidos."

Só em Deus repousa a minha alma,
É dele que me vem o que eu espero.
Só ele é meu rochedo e minha salvação.
Minha fortaleza! Jamais vacilarei!

Acha-se em Deus a minha glória e salvação.
Ele é meu rochedo protetor, meu refúgio está nele.
Ó povo, confiai nele uma vez por todas.
Expandi em sua presença os vossos corações.
Nosso refúgio está em Deus!

Michel Quoist

ORAÇÃO DA NOITE III

Obrigado, Senhor, por tudo o que consegui fazer hoje. Pela minha família, para quem trabalhei, pelos amigos que encontrei.

Dá gosto, Senhor, trabalhar convosco na constituição de uma humanidade mais feliz e de um mundo mais humano.

No entanto, Senhor, peço-vos perdão por aquilo que eu poderia ter feito e não fiz.

Poderia ter dado e exigido um pouco mais de mim.

Amanhã, porém, terei uma nova oportunidade.

Farei aquilo que estiver dentro das minhas possibilidades.

Espero encontrar-vos, novamente, amanhã, fortalecido com a vossa graça, para realizar os propósitos que, hoje, renovo na vossa presença. Amém.

ORAÇÃO ANTES DAS REFEIÇÕES

Senhor, dai pão a quem
tem fome.
E fome de justiça a quem
tem pão.

ORAÇÃO DA MESA

Senhor de todas as bênçãos, pousa teu olhar sobre essa mesa de refeição de teus filhos.

Nós te damos graças pela força dada à terra para produzir os frutos que estão preparados para revigorar a força destes que são teus.

Pelo lavrador, pelo homem do campo, pelos simples empregados de nossos supermercados, pelas mãos que prepararam com carinho estes nossos alimentos, obrigado, Senhor.

Abençoa os hóspedes que vieram partilhar de nossa mesa; que eles se sintam bem em nosso meio e sejam acolhidos como embaixadores teus.

Pousa teu olhar também sobre a mesa dos pobres, que comem e não conseguem saciar a fome de suas vidas, porque ainda existe a loucura dos egoístas que esquecem aqueles que precisam também dos frutos da terra dada generosamente a todos.

Que a tua bênção sobre essa mesa atinja a medula de nossas histórias e que possamos, revigorados por este momento de intimidade, espalhar fraternidade nesta imensa terra dos homens.

Frei Almir Ribeiro Guimarães, OFM

ORAÇÃO DEPOIS DAS REFEIÇÕES

Nós vos agradecemos,
Deus Todo-Poderoso,
por todos os benefícios que
nos tendes concedido.

ORAÇÃO ANTES DA LEITURA BÍBLICA

Senhor, nossas palavras são demasiado pobres, para agradecer-te o maravilhoso dom de tua Palavra-escrita, que ultrapassando os limites do tempo continua a falar-nos da fé que dá sentido à vida, da alegria que abre os corações, do amor que nos faz irmãos. Concede-nos, Senhor, grande amor pela Bíblia.

Queremos aproximar-nos deste livro com fé, para que saibamos encontrar, em suas páginas sagradas, a resposta para os nossos problemas, o amor que une a família, a paz de que o mundo precisa.

Ensina-nos, Senhor, a ler a Bíblia com respeito, humildade e fé. Queremos colocá-la em nossas casas, para que seja luz que ilumina, palavra que acalma, presença viva de amor!

Nós te pedimos, ó Pai, que o homem de hoje, cansado e insatisfeito, tenha a coragem de aproximar-se da Bíblia, para encontrar nela o caminho, a verdade e a vida. Amém.

ORAÇÃO ANTES DA LEITURA DA BÍBLIA

Deus, onipotente e misericordioso, desejamos escutar o que dizeis. Vossa palavra é luz para nossos passos e com segurança a vós nos conduz.

Queremos penetrar no sentido das Escrituras como Jesus recomendou: elas dão testemunho dele, da sua verdade, do seu perdão, do seu amor.

Ilumine nosso entendimento o Divino Espírito Santo, que inspirou os santos homens a escreverem as páginas sagradas. Dóceis ao ensinamento da Igreja, que interpreta as Escrituras com autoridade, possamos compreender o que dizem e sentir em sua leitura o coração ardente, como os discípulos no caminho de Emaús, quando Jesus Ressuscitado lhes explicou as passagens que no Antigo Testamento a ele se referem.

Dai-nos experimentar, também nós, o quanto a "Escritura, divinamente inspirada, é útil para ensinar, para convencer, para corrigir e para instruir na justiça, a fim de que todo o homem de Deus seja perfeito e esteja preparado para toda boa obra".

Por Cristo Senhor Nosso. Amém.

Cardeal Vicente Scherer

VINDE, ESPÍRITO DE CRIAÇÃO

Que vossa força criadora me ajude a ser sinal de vida para todos os que eu encontrar neste dia. Ajudai-me a ser vida em abundância e presença vossa. Quero contemplar as maravilhas criadas por Deus e louvar o dom maior que é a vida.

Assim como vos movíeis sobre o caos no início da criação, que eu esteja aberto para a vossa ação em favor da minha vida. Pairai sobre meu dia e não me deixeis cair no caos de não perceber a vossa presença criadora.

"Pois foi ele que criou todas as coisas" (Jr 10,16).

Hélcio Vicente Testa

VINDE, ESPÍRITO DE SANTIDADE

Quero santificar o meu dia e consagrar-vos meus afazeres. Que tudo o que eu faça hoje seja para a glória de Deus e para a minha santificação. Auxiliai-me na busca da perfeição e da aproximação de vós.

O vosso Espírito mova o meu coração para só pensar o que constrói; afastai de mim todas as malícias e tentações, para que eu possa mais fielmente ser templo vosso e assim alcançar a graça da santidade.

"Adorai ao Senhor na beleza da sua santidade" (1Cr 16,29).

Hélcio Vicente Testa

VINDE, ESPÍRITO CONSOLADOR

Afastai do meu dia todos os sofrimentos e angústias. Que eu possa superar tudo o que de mal me acontecer contando com a vossa graça e com a vossa proteção. Que não abata sobre mim o desespero mas sim a força de superar barreiras que me vêm de vós.

Que todas as formas de sofrimento se afastem do meu dia e que eu possa perceber a vossa ação consoladora a me amparar. Que possa também ser amparo para todos aqueles que sofrem injustiça e que estão desesperados e desamparados.

"Se me amais, observareis os meus mandamentos; e eu rogarei ao Pai e ele vos dará outro Consolador, para que fique eternamente convosco" (Jo 14,15-16).

Hélcio Vicente Testa

VINDE, ESPÍRITO DE FIDELIDADE

Que eu exercite neste dia o dom da fidelidade. Que eu consiga ser fiel a todos o meus compromissos e a todos os meus deveres, e que tenha sempre diante de mim a vossa fiel proteção.

Assim como vosso amor nunca nos abandona, que eu possa amar a todos com a mesma fidelidade e que possa perceber as maravilhas de ser comprometido com esse amor. Louvado sejais, Senhor, pela fidelidade a vosso povo e pelo vosso fiel amor por mim.

"Porque o Senhor é bom... e sua fidelidade estende-se de geração a geração" (Sl 100,5).

Hélcio Vicente Testa

VINDE, ESPÍRITO DE SAÚDE

Quero nesta manhã pedir a saúde física. Protegei o meu corpo contra todos os perigos e contra todos os males que possam torná-lo frágil. Dai-me coragem para afastar-me de tudo o que possa prejudicar minha saúde.

Que o vosso Espírito, que levantou a tantos de seus leitos e de suas prostrações possa fazer morada em meu coração e me curar, trazer saúde e proteção para mim e para todos aqueles que amo. Quero pedir por todos os que estão nos hospitais; concedei-lhes a paciência e a recuperação.

"Ele tomou sobre si as nossas enfermidades, e levou as nossas doenças" (Mt 8,17).

Hélcio Vicente Testa

VINDE, ESPÍRITO DE PAZ

Os conflitos povoam nosso mundo e nossa mente; ajudai-me a ser semente de paz num mundo em discórdia. Que a paz que nos vem de vós seja vivida e aplicada no meu dia.

Peço pelos povos em guerra, pelos conflitos, pela paz no mundo. Trazei, Senhor, a paz nos lares; rezo em especial pela paz dos meus familiares e para que eu possa sentir a vossa paz no meu coração. Louvados sejam aqueles que promovem a paz; que eu possa me transformar em instrumento da vossa paz.

"Deixo-vos a paz, a minha paz vos dou" (Jo 14,27).

Hélcio Vicente Testa

VINDE, ESPÍRITO DE PERDÃO

Tenho consciência das minhas falhas e dos meus erros; muitas vezes me afasto de vós através do pecado. Tenho me afastado de meus irmãos e irmãs e tenho até deixado que sentimentos de rancor e mágoas povoem o meu ser.

Quero passar este dia sentindo vossa força de perdão e buscando ser perdão para aqueles que me cercam. Que eu possa experimentar a graça do perdão em sua plenitude, e saber o quanto é bom viver sendo perdão para os outros.

"Ao Senhor nosso Deus, pertencem a misericórdia e o perdão" (Dn 9,9).

Hélcio Vicente Testa

VINDE, ESPÍRITO DE AMOR

Quero passar o dia tendo a certeza que sou muito amado, e por isso devo distribuir este mesmo amor a meus irmãos e irmãs. Vinde, Senhor, em meu socorro; que eu não deixe de sentir vossa presença e vossa graça a invadir a minha alma.

O mundo precisa sentir o quanto é amado por vós e eu quero neste dia ser sinal de amor. Que minha presença possa transmitir esse amor e que o meu dia seja direcionado apenas para amá-lo, assim como vós o fazeis.

"Amemo-nos uns aos outros, porque o amor é Deus" (1Jo 4,7).

Hélcio Vicente Testa

VINDE, ESPÍRITO DE CORAGEM

O medo muitas vezes toma conta do meu ser. Sei que posso contar com vossa força, mas acovardo-me diante dos problemas que a vida me apresenta. São tantos os conflitos, que me sinto fraco e com medo.

Fielmente acredito que poderei vencer todos os obstáculos se puder contar com a coragem que vem de vós. Auxiliai-me, Senhor, a ser forte diante das minhas dificuldades, e que o desespero nunca se aposse de minha alma.

"Mas tende confiança, eu venci o mundo" (Jo 16,33).

Hélcio Vicente Testa

VINDE, ESPÍRITO DE JUSTIÇA

Nossa sociedade apresenta tantas injustiças e desigualdades que facilmente acreditamos que as coisas são assim mesmo. Os valores supremos de justiça e de fraternidade estão desaparecendo de nossas vidas.

Buscarei hoje perceber todas as injustiças sociais e quero com a vossa graça não me omitir. Senhor nosso e suprema justiça, fazei-me ser neste dia um sinal do vosso reino de justiça, fraternidade e partilha.

"O que o Senhor requer de ti: É que pratiques a justiça, que ames a misericórdia" (Mq 6,8).

Hélcio Vicente Testa

SÚPLICA À SANTÍSSIMA TRINDADE

Glória ao Pai que por seu poder me tirou do nada, e me criou à sua imagem e semelhança! Glória ao Filho que por amor me libertou do inferno e me abriu a porta do céu! Glória ao Espírito Santo que por sua misericórdia me santificou no Batismo, e opera continuamente minha santificação pelas graças que todos os dias recebo de sua infinita bondade!

Glória às três Pessoas da Santíssima Trindade, como era no princípio, e agora e sempre e por todos os séculos dos séculos!

Eu vos adoro, Trindade beatíssima, com devoção e profundo respeito: e vos dou graças por nos haverdes revelado tão glorioso e inefável mistério. Humildemente vos suplico me concedais que, perseverando até a morte nesta crença, possa ver e glorificar no céu o que firmemente creio na terra; um Deus em três Pessoas distintas: Pai, Filho e Espírito Santo. Amém.

CONSAGRAÇÃO À SANTÍSSIMA TRINDADE

Trindade Santíssima — Pai, Filho, Espírito Santo — presente e agindo na Igreja e na profundidade do meu ser. Eu vos adoro, amo e agradeço. E pelas mãos da Virgem Maria, minha Mãe Santíssima, eu me ofereço, entrego e consagro inteiramente a vós, nesta vida e para a eternidade.

Pai Celeste, a vós me ofereço, entrego e consagro como filho(a).

Jesus Mestre, a vós me ofereço, entrego e consagro, como irmão(a) e discípulo(a).

Espírito Santo, a vós me ofereço, entrego e consagro, como "templo vivo", para ser santificado(a).

Maria, Mãe da Igreja e minha Mãe, vós que estais na mais íntima união com a Santíssima Trindade, ensinai-me a viver em comunhão com as três divinas Pessoas, a fim de que a minha vida inteira seja um hino de glória ao Pai, ao Filho e ao Espírito Santo. Amém.

Pe. Tiago Alberione

SAUDAÇÃO À SANTÍSSIMA TRINDADE

Bendito seja o santo Nome do Senhor.
Bendita seja a Santíssima Trindade.
Agora e sempre, e por todos os séculos.
Amém.

Glória ao Pai, que nos criou.
Glória ao Filho, que nos remiu.
Glória ao Espírito Santo, que nos santificou.

SÍMBOLO NICENO-CONSTANTINOPOLITANO

Creio em um só Deus, Pai todo-poderoso, criador do céu e da terra,/ **de todas as coisas visíveis e invisíveis.**/ Creio em um só Senhor, Jesus Cristo,/ Filho unigênito de Deus,/ **nascido do Pai antes de todos os séculos:**/ Deus de Deus, luz da luz,/ Deus verdadeiro de Deus verdadeiro,/ **gerado, não criado, consubstancial ao Pai.**/ Por ele todas as coisas foram feitas./ **E por nós, homens, e para nossa salvação, desceu dos céus:**/ e se encarnou pelo Espírito Santo,/ no seio da Virgem Maria, e se fez homem./ **Também por nós foi crucificado sob Pôncio Pilatos;/ padeceu e foi sepultado.**/ Ressuscitou ao terceiro dia,/ conforme as Escrituras,/ **e subiu aos céus,/ onde está sentado à direita do Pai.**/ E de novo há de vir,/ em sua glória,/ **para julgar os vivos e os mortos;/ e o seu reino não terá fim.**/ Creio no Espírito Santo,/ Senhor que dá a vida,/ e procede do Pai e do Filho;/ **e com o Pai e o Filho é adorado e glorificado;/ ele que falou pelos profetas.**/ Creio na Igreja, una, santa, católica e apostólica./ **Professo um só batismo/ para remissão dos pecados.**/ E espero a ressurreição dos mortos/ e a vida do mundo que há de vir. **Amém.**

PRECE A DEUS

Deus, por quem tende a ser tudo aquilo que por si só não existiria. Deus, que não permites que pereça nem mesmo aquilo que se destrói. Deus, que do nada criaste este mundo, o qual acham belíssimo os olhos de todos os que o contemplam. Deus, que não fazes o mal e fazes que este não seja pior. Deus, que mostras aos poucos que se aproximam do que é verdadeiro, que o mal é nada. Deus, por quem todas as coisas são perfeitas, ainda com a parte que lhes toca de imperfeição. Deus, por quem se atenua ao máximo qualquer dissonância quando as coisas piores se harmonizam com as melhores. Deus, a quem amam, consciente ou inconscientemente, todos os que possam amar. Deus, em quem todas as coisas subsistem e para quem, contudo, não é torpe a torpeza de qualquer criatura, a quem não prejudica a sua malícia nem o afasta o seu erro. Deus, Pai da verdade, Pai da Sabedoria, pai da verdadeira e suprema vida, Pai da felicidade, Pai do que é bom e belo, Pai da luz inteligível, Pai do nosso desvelo e iluminação, Pai da garantia pela qual somos aconselhados a retornar a ti.

Santo Agostinho († 430) — Solilóquios

ORAÇÃO DE SÃO FRANCISCO À SANTÍSSIMA TRINDADE

Vós sois o santo Senhor e Deus único,
que operais maravilhas.
Vós sois o Forte.
Vós sois o Grande.
Vós sois o Altíssimo.
Vós sois o Rei onipotente, santo Pai,
Rei do céu e da terra.
Vós sois o Trino e Uno, Senhor e Deus,
Bem universal.
Vós sois o Bem, o Bem Universal, o sumo
Bem, Senhor e Deus, vivo e verdadeiro.
Vós sois a delícia do amor.
Vós sois a Sabedoria.
Vós sois a Humildade.
Vós sois a Paciência.
Vós sois a Segurança.
Vós sois o Descanso.
Vós sois a Alegria e o Júbilo.
Vós sois a Justiça e a Temperança.
Vós sois a plenitude da Riqueza.
Vós sois a Beleza.
Vós sois a Mansidão.
Vós sois o Protetor.
Vós sois o Guarda e o Defensor.
Vós sois a Fortaleza.
Vós sois o Alívio.
Vós sois nossa Esperança.
Vós sois nossa Fé.

Vós sois nossa inefável Doçura.
Vós sois nossa eterna Vida, ó grande e maravilhoso Deus, Senhor onipotente, misericordioso Redentor.

PAI-NOSSO INVISÍVEL

Pai nosso invisível, que estás no céu,
que teu santo nome seja santificado em nós,
em nós que santificaste pelo Espírito Santo;
que o Reino do alto venha até nós,
o Reino que prometeste aos que amam o teu amor.
Que a força de tua benevolência repouse sobre teus servos,
aqui no mistério e lá na misericórdia.
De tua mesa inesgotável
dá alimento à nossa indigência
e concede a remissão às nossas faltas,
tu que conheces as nossas fraquezas.
Nós te pedimos:
salva-nos, tu que formaste;
a ti pertencem a realeza, o poder e a glória.
Senhor, não nos prives da felicidade
junto aos teus santos.

Breviário caldeu

NÓS TE DAMOS GRAÇAS, DEUS NOSSO PAI

Nós te damos graças, Pai nosso,
pela vida e pelo conhecimento
que nos revelaste por Jesus, teu servo.
A ti, a glória pelos séculos!
Seja unida a ti sua Igreja em teu Reino.
Pois pertencem a ti
a glória e o poder,
por Jesus Cristo, pelos séculos!

Nós te damos graças, Pai santo,
por teu santo nome, que fizeste habitar em nossos corações,
e pelo conhecimento, pela fé e pela imortalidade que nos revelaste por Jesus, teu servo.
A ti, a glória pelos séculos!

Tu, Senhor, todo-poderoso,
criaste todas as coisas para a glória
de teu nome e
para o gozo deste alimento,
e bebida aos filhos dos homens,
a fim de que eles te bendigam;
mas a nós deste comida
e uma bebida espirituais
para a vida eterna por Jesus, teu servo.
Por isso tudo te agradecemos,
pois és poderoso.
A ti, a glória pelos séculos!

Lembra-te, Senhor, de tua Igreja
para livrá-la de todo o mal e aperfeiçoá-la no teu amor.
Reúne esta Igreja santificada dos quatro ventos
no teu Reino que lhe preparaste.
Pois a ti pertencem
o poder e a glória
pelos séculos.

Venha a tua graça e passe este mundo!
Hosana ao Deus de Davi.
Venha aquele que é santo!
Aquele que não é santo faça penitência:
Maranatá!
Amém.

Oração da Didaché (90-100 d.C.)

NÓS TE DAMOS GRAÇAS

Tu és um Deus inefável
que ninguém pode compreender,
invisível, inatingível,
existindo sempre e sendo o mesmo,
tu e teu Filho único e teu Espírito Santo.
Tu nos tiraste do nada para a existência,
ergueste-nos depois da queda
e não cessarás de tudo fazer para conduzir-nos ao céu
e nos dar teu Reino futuro.
Por todas essas coisas, nós te damos graças.

Liturgia oriental

SOLILÓQUIOS

Deus, Pai da verdade,
Pai da sabedoria,
Pai da vida — verdadeira e suprema,
Pai da felicidade,
Pai do bem e do belo,
Pai da luz do espírito,
Pai do nosso despertar e da luz que nos ilumina,
Pai das promessas,
pelas quais somos advertidos a retornar a ti...
Deus, fonte, princípio e autor dos seres,
é a ti que eu invoco.
Sê-nos propício, ó meu Deus!

Santo Agostinho († 430)

LOUVORES A DEUS

Tu és o santo, o Senhor e Deus único
que operas maravilhas.
Tu és o forte.
Tu és o grande.
Tu és o Altíssimo.
Tu és o rei onipotente, santo Pai,
o rei do céu e da terra.

Tu és o Senhor Deus trino e uno, o bem universal.
Tu és o bem, todo o bem, o sumo bem,
o Senhor Deus vivo e verdadeiro.

Tu és a caridade, o amor.
Tu és a sabedoria.
Tu és a humildade.
Tu és a paciência.

São Francisco de Assis († 1226)

TEU NOME DE PAI

Tu queres que eu te chame de Pai!
Oh! Quanta dignidade me concedes!
Que minha alma seja reconhecida e te dê
as ações de graças que devo a ti.
E como não sou suficiente para isso,
peço aos anjos que me ajudem a te louvar
e agradecer continuamente.
Teu nome de Pai, Senhor, prova o amor
imenso que tens a mim.
Ele me ensina e me adverte que devo
amar-te de todo o coração.
Que filho ingrato não amaria Pai bom,
santo, bondoso, glorioso e amoroso como tu?
Portanto, que meu coração se inflame,
a fim de que entre ti, meu Pai, e mim,
teu filho, haja sempre um recíproco amor.

Francisco de Sales (1567-1622)

NAS TUAS MÃOS

Nas tuas mãos, Pai santo e misericordioso, colocamos a nossa vida.

Tu no-la concedeste.

Tu a guias e a completas com teus dons.

Tu permaneces junto a nós, como rocha firme e amigo fiel, também quando de ti nos esquecemos.

Porém, hoje retornamos a ti.

Queremos abandonar-nos à guia segura das tuas mãos, que nos conduzem à cruz.

Sentimos, ainda, o desejo de falar para agradecer-te e para tornar conhecidas a todas as pessoas as maravilhas do teu amor.

Nós nos separamos de ti, fonte da vida, e encontramos a morte.

O teu Filho, porém, não se deteve diante do pecado e da morte, mas, com a força do amor, destruiu o pecado, redimiu a dor, venceu a morte.

A cruz de Jesus nos revela que o teu amor é mais forte do que tudo; o dom misterioso e fecundo que emana da cruz é o Espírito Santo, que nos faz participantes da obediência filial de Jesus; comunica-nos a tua vontade de atrair cada pessoa para a alegria de uma vida reconciliada e renovada pelo amor.

Cardeal Martini

ABBA! PAI!

Abba! Pai! Põe em prática o sentido
do nome que é teu.
A ti cabe conduzir-nos;
a ti, proteger-nos;
a ti, conservar-nos;
a ti, santificar-nos;
a ti, governar-nos;
a ti, consolar-nos.
Tu, que não te dignaste chamar-nos,
abraça-nos com teu amor,
concede-nos que sejamos inflamados
de teu Espírito,
firmados por tua força,
iluminados por tua luz,
cheios de tua graça
e que progridamos com teu socorro.
Faze que no fim de nossa viagem
mereçamos entrar na alegria de teu
Reino.

HINO A DEUS

Ó tu que estás acima de tudo,
poema algum pode celebrar-te,
palavra alguma pode exprimir-te.
És inefável,
mas tudo o que se diz procede de ti!
Todos os seres te celebram:
os que falam
e os que permanecem mudos.
O universal desejo,
o gemido de todos os seres
aspira por ti.
Tudo o que existe te invoca.
Todo o ser que sabe ler teu universo
eleva para ti um hino de silêncio.
Tudo o que subsiste, subsiste em ti.
O impulso do universo
para ti se precipita.
És o único termo de todos os seres,
és cada um deles e não és nenhum.
Não és solitário e não és o conjunto:
possuis todos os nomes.
Como te chamarei?
Ó ser que tudo sobrepuja,
tem piedade de mim!

São Gregório Nazianzeno († 390)

FILHO DO DEUS VIVO

Senhor Jesus Cristo, Filho do Deus vivo,
que, cumprindo a vontade do Pai
e agindo com o Espírito Santo,
pela vossa morte destes vida ao mundo,
livrai-me dos meus pecados e de todo mal;
pelo vosso Corpo e pelo vosso Sangue,
dai-me cumprir sempre a vossa vontade
e jamais separar-me de vós.

Missal romano

ORAÇÃO AO SAGRADO CORAÇÃO DE JESUS

Sacratíssimo Coração de Jesus de infinita misericórdia, que estais em todos os sacrários da Terra, convertei os pecadores, salvai os agonizantes e tende piedade das almas do Purgatório, dai-lhes a paz, o descanso e a luz eterna. Amém.

ORAÇÃO A CRISTO REI

Ó Cristo Jesus, eu vos reconheço como Rei universal. Tudo o que foi feito, para vós foi criado. Exercei sobre mim todas as vossas prerrogativas. Renovo as minhas promessas do batismo, renunciando a toda espécie de maldade e prometo viver como bom cristão.

E mui particularmente empenhar-me-ei em fazer prevalecer por todos os meios a meu alcance os direitos de Deus e de vossa Igreja.

Divino coração de Jesus, ofereço-vos as minhas pobres ações para alcançar que todos os corações reconheçam a vossa realeza sagrada, e que por este modo o reino da vossa paz se estabeleça em todo o mundo.

Assim seja.

VIVER NA EUCARISTIA

Tu baixas cheio de amor
teu olhar no meu
e inclinas teu ouvido
para as minhas palavras silenciosas
e enches com paz
profundamente o meu coração.
Mas teu amor
não encontra satisfação
nessa troca,
que ainda deixa separação.
Teu coração anseia por muito mais.

Teu corpo penetra
misteriosamente o meu
e tua alma une-se
com a minha:
Não sou mais eu,
o que era antes,
tu vens e depois vais,
mas fica a semente,
que tu semeias
para a glória futura,
escondida no corpo de pó.

Edith Stein

ORAÇÃO AO BOM JESUS DOS AFLITOS

Ó meu Bom Jesus, Senhor dos Aflitos, vós dissestes: "Vinde a mim todos os aflitos, que vos aliviarei". Aqui estou para conversar convosco...

Infundi em meu coração profundo amor, para que amando, servindo e ajudando-vos na pessoa de meu semelhante possa viver o vosso Evangelho, praticando o bem e sendo útil e assim participar da vida do céu. Senhor Bom Jesus dos Aflitos, vós sois minha única esperança. Resolvei os meus problemas.

Isto vos peço em união com o Pai e o Espírito Santo. Amém.

Pai-nosso, Ave-Maria e Glória ao Pai.

VI NASCER UM DEUS

Ó lapinha,
menino de barro,
deus de brinquedo,
areia branca de córrego,
musgo de penhasco,
Belém de papel,
primeira utopia,
primeira abordagem
do território místico,
primeiro tremor.
Vi nascer um Deus.
Onde, pouco importa.
Como, pouco importa.
Vi nascer um Deus,
em plena calçada,
entre camelôs;
na vitrine da butique
sorria ou chorava,
não sei bem ao certo;
a luz da boate
mal lhe debuxava
o mínimo perfil.
Vi nascer um Deus
entre embaixadores,
entre publicanos,
entre verdureiros,
entre mensalistas,
no Maracanã,
em Para-lá-do-Mapa,
quando os gatos rondam
a espinha da noite,
os mendigos espreitam

os inferninhos
e no museu acordam as telas
informais
e o homem esquece
metade da ciência atômica:
vi nascer um Deus.
O mais pobre,
o mais simples.

Carlos Drummond de Andrade

ORAÇÃO AO CRUCIFICADO

Não me move, meu Deus, para querer-te
o céu que me hás um dia prometido:
e nem me move o inferno tão temido
para deixar por isso de ofender-te.

Tu me moves, Senhor, move-me o ver-te
cravado nessa cruz e escarnecido.
Move-me no teu corpo tão ferido
ver o suor de agonia que ele verte.

Moves-me ao teu amor de tal maneira,
que a não haver o céu ainda te amara
e a não haver o inferno te temera.

Nada me tens que dar por que te queira;
que se o que ouso esperar não esperava,
o mesmo que te quero te quisera.

Anônimo espanhol (séc. XVII)

LADAINHA DO SANTÍSSIMO NOME DE JESUS

Senhor, tende piedade de nós!
Senhor, tende piedade de nós!
Jesus Cristo, tende piedade de nós!
Jesus Cristo, tende piedade de nós!
Senhor, tende piedade de nós!
Senhor, tende piedade de nós!
Jesus Cristo, ouvi-nos!
Jesus Cristo, ouvi-nos!
Jesus Cristo, atendei-nos!
Jesus Cristo, atendei-nos!

Pai do Céu que sois Deus,
— **Tende piedade de nós!**
Filho, Redentor do mundo, que sois Deus,
Espírito Santo, que sois Deus,
Santíssima Trindade, que sois um só Deus,
Jesus, Filho de Deus vivo,
Jesus, esplendor do Pai,
Jesus, pureza da luz eterna,
Jesus, Rei da glória,
Jesus, sol de justiça,
Jesus, Filho da Virgem Maria,
Jesus, amável,
Jesus, admirável,
Jesus, Deus forte,
Jesus, Pai do século futuro,
Jesus, Anjo do grande conselho,
Jesus, poderosíssimo,
Jesus, pacientíssimo,

Jesus, obedientíssimo,
Jesus, manso e humilde de coração,
Jesus, amante da castidade,
Jesus, nosso amigo,
Jesus, Deus da paz,
Jesus, autor da vida,
Jesus, exemplo das virtudes,
Jesus, zelador das almas,
Jesus, nosso Deus,
Jesus, nosso refúgio,
Jesus, Pai dos pobres,
Jesus, tesouro dos fiéis,
Jesus, bom pastor,
Jesus, luz verdadeira,
Jesus, sabedoria eterna,
Jesus, bondade infinita,
Jesus, nosso caminho e nossa vida,
Jesus, alegria dos anjos,
Jesus, Rei dos patriarcas,
Jesus, Mestre dos Apóstolos,
Jesus, Doutor dos Evangelistas,
Jesus, Fortaleza dos Mártires,
Jesus, luz dos Confessores,
Jesus, pureza das Virgens,
Jesus, coroa de todos os Santos,

Sede-nos propício,
Perdoai-nos, Senhor!
Sede-nos propício,
Ouvi-nos, Senhor!

De todo mal,
— **Livrai-nos, Jesus.**
De todo o pecado,
Da vossa ira,
Das ciladas do demônio,
Do espírito de impureza,
Da morte eterna,
Do desprezo das vossas inspirações,
Pelo mistério da vossa Encarnação,
Pela vossa Natividade,
Pela vossa infância,
Pela vossa santíssima vida,
Pelos vossos trabalhos,
Pela vossa agonia e paixão,
Pela vossa cruz e desamparo,
Pelas vossas angústias,
Pela vossa morte e sepultura,
Pela vossa Ressurreição,
Pela vossa Ascensão,
Pela vossa instituição da Santíssima Eucaristia,
Pelas vossas alegrias,
Pela vossa glória,

Cordeiro de Deus, que tirais os pecados do mundo, **perdoai-nos, Jesus!**
Cordeiro de Deus, que tirais os pecados do mundo, **ouvi-nos, Jesus!**
Cordeiro de Deus, que tirais os pecados do mundo, **tende piedade de nós, Jesus!**

Jesus Cristo ouvi-nos!
Jesus Cristo ouvi-nos!
Jesus Cristo atendei-nos!
Jesus Cristo atendei-nos!

OREMOS: Senhor Jesus que dissestes: "Pedi e recebereis; procurai e achareis; batei e abrir-se-vos-á"; dai-nos a afeição do vosso divino amor, de modo que, de coração, palavras e obras vos amemos, e jamais cessemos de vos louvar. Concedei-nos, Senhor, ter perpetuamente reverência e amor ao vosso nome, porque não deixais de governar os que fundastes no vosso amor, vós que viveis e reinais pelos séculos dos séculos. Amém.

CHAMOU-A PELO NOME

Tu, Jesus, na manhã da Páscoa, apareceste à Madalena e a chamaste pelo nome.

Esqueceste tudo a seu respeito: seus pecados, seu passado.

Tu a chamaste.

Isto é o que acontecerá a cada um de nós.

Se decidirmos amar-te, tu não te lembras de mais nada? e nos chamas pelo nome?

E então, por que nos preocupamos com os nossos fracassos, nosso passado, nossos pecados?

Não és agora o mesmo Jesus de então?

QUE O MEU CORAÇÃO SEJA TUA HABITAÇÃO AMADA

Vem, Senhor, segura-me.
Desapega meu coração de tudo,
que ele seja bem livre,
para que nada o impeça de te ver.
Dobra a minha vontade, abaixa o
meu orgulho,
tu tão humilde de coração.
Modela meu coração para que
possa ser tua habitação amada,
e venhas repousar nela e conversar
comigo numa união ideal.
Senhor, que esse pobre coração
seja um só com o teu...
Só tu podes encher sua solidão.
Que eu não procure nada fora de ti:
Só tu és capaz de me contentar.

Elisabete da Trindade

VEM, ESPÍRITO SANTO

Vem, Espírito Santo,
e envia do alto do céu
um raio da tua luz.
Vem, pai dos pobres,
doador da divina graça
e luz dos corações.
És consolo e defensor,
amável hóspede dos corações
e alívio incomparável.
És descanso no trabalho,
brisa no calor ardente
e consolo na aflição.
Ó ditosa luz divina,
ilumina plenamente
o coração dos teus fiéis.
Sem ti não pode haver
em ninguém, de modo algum,
inocência nem bondade.
Vem livrar-nos do pecado,
abrandar nossa aridez
e curar nossas feridas.
Concede-nos que possamos
superar nossa obstinação,
vencer a nossa apatia
e nos guardar no bom caminho.
Àqueles que creem em ti
e em ti confiam,
concede os teus sete dons
sagrados.
Como prêmio da virtude,
dá-lhes a felicidade
e a alegria eterna. Amém.

Hino litúrgico

PRECE AO ESPÍRITO SANTO

Espírito Santo,
aperfeiçoa a obra que Jesus iniciou
em mim.
Apressa para mim o tempo de uma
vida cheia do teu Espírito.
Mortifica em mim a presunção natural.
Quero ser simples,
pleno do amor de Deus
e constantemente generoso.
Que nenhuma força humana
me impeça de honrar minha
vocação cristã.
Que nenhum interesse,
por descuido meu,
vá contra a justiça.
Que nenhum egoísmo reduza em mim
os espaços infinitos do amor.
Tudo seja grande em mim.
Também o culto à Verdade
e a prontidão em meu dever até a morte.
Que a efusão do teu Espírito de amor
venha sobre mim,
sobre a Igreja
e sobre o mundo inteiro.
Amém.

João XXIII

LUZ DE MINHA ALMA

Meu Deus,
eu te adoro, eterno consolador,
luz e vida de minha alma...
Em tua infinita comiseração,
já no início de minha vida,
vieste à minha alma e dela te apossaste.
Fizeste-a templo teu
e nela resides por tua graça,
de maneira inefável,
unindo-me a ti e aceitando-me
na companhia dos anjos e santos.
Não estás apenas presente,
como pensam alguns,
por tua graça,
mas em teu ser eterno,
de sorte que, em certo sentido,
fico absorvido em Deus
já aqui na terra,
sem perder a própria personalidade.
Sim, fizeste até de meu corpo
propriedade tua...
Também meu corpo é teu templo.
Ó maravilhosa, veneranda verdade!
Eu creio nela e a reconheço,
ó meu Deus.

Cardeal Newman

SABEDORIA DE DEUS

Espírito Santo,
Espírito de Sabedoria,
de Ciência, de Inteligência, de Conselho,
faze-nos transbordar,
te suplicamos,
do conhecimento da vontade do Pai,
enche-nos de toda a sabedoria
e inteligência espiritual.
Abre o nosso coração
à consolação do teu dom
para que possamos conhecer o mistério
que no tempo vai sendo revelado.
O mistério preparado há séculos sem fim:
a glória do Cristo no homem que vive.
E tu, Maria,
primeiro fruto privilegiado
dessa glória de Cristo,
torna o nosso coração sensível
aos caminhos de Deus,
aos seus meios de manifestar-se em nossa história.
Ajuda-nos a caminhar na sua verdade
para poder encontrar o seu mistério.

Cardeal Carlo Martini

VEM, ESPÍRITO DE VERDADE

Vem, Espírito Santo,
e santifica-me.
Vem, Espírito de Verdade,
e enche-me de ti.
Que a tua sapiência divina
me instaure na Verdade.
Eu desejo que a Verdade reine na
minha mente, nas minhas palavras,
nos meus afetos, nas minhas ações,
evitando tudo que lhe seja contrário,
não só a mentira,
senão também a dissimulação,
a duplicidade, a falta de sinceridade.
Vem, Espírito de paz
e dá-me a tua paz,
a paz profunda que dilata a alma e
a torna apta às tuas operações;
a paz que acalma e domina todo o sensível.
Vem, Espírito de caridade,
faze-me tão inflamada de teu amor,
que o faça transbordar sobre as almas
que eu desejo levar a ti.
Oh! Transforma-me em amor.
Só assim poderei responder
plenamente a teu convite
e ser útil à Igreja.
Ó Espírito da Verdade,
faze-me conhecer o Verbo,
ensina-me a lembrar-me sempre de
tudo quanto ele disse.

Ilumina-me, guia-me,
torna-me, conforme Jesus,
em outro Cristo,
comunicando-me as suas virtudes,
sobretudo a paciência,
a humildade, a obediência.
Faze-me participar de sua obra
redentora.
Faze-me entender, amar a cruz.

Carmela do Espírito Santo

ESPÍRITO DE AMOR

Ó Espírito de Amor,
fogo consumidor,
vem a mim,
para que Cristo renasça em mim;
para que eu lhe dê meu corpo e
minha alma
e ele viva em mim
e através de mim
a sua vida
e realize os seus mistérios.

Isabel da Santíssima Trindade

VEM, SANTÍSSIMO ESPÍRITO

Espírito Santo!
Creio que todas as vezes que
desces à alma
aí preparas o domicílio para o Pai
e para o Filho.
Feliz quem merece hospedar-te!
Por ti nele estabelecem a sua
morada o Pai e o Filho.
Vem, pois, vem,
benigníssimo consolador de todo
aquele que sofre,
protetor em toda a ocorrência
e sustentáculo em toda a tribulação.
Vem, purificador dos delitos,
médico das feridas.
Vem, fortaleza de frágeis,
restaurador dos que caem.
Vem, mestre dos humildes,
tu que abates os soberbos.
Vem, piedoso pai dos órfãos,
compassivo juiz das viúvas.
Vem, esperança dos pobres,
refrigério dos enfermos.
Vem, estrela dos navegantes,
porto dos náufragos.
Vem, adorno singular dos vivos
e salvação única dos que morrem.
Vem, santíssimo Espírito, vem e
tem piedade de mim.

Reveste-me de ti e ouve-me
propício,
a fim de que, segundo a multidão
das tuas misericórdias,
a minha pequenez agrade à tua
grandeza,
a minha fraqueza agrade à tua
fortaleza,
por Jesus Cristo, meu Salvador,
que com o Pai vive e reina na tua
unidade,
pelos séculos dos séculos. Assim seja.

Agostinho de Hipona

PRESENÇA DO ESPÍRITO

Espírito Santo,
és tu que estás em volta de mim,
que me inflamas e acendes em
meu coração sofredor
o amor infinito de Deus e de meus irmãos.
Porque és tu o doutor dos profetas,
o companheiro de todos os apóstolos,
a força dos mártires,
a inspiração dos Pais e dos doutores
e a perfeição de todos os santos.

Simeão, o novo teólogo

SÚPLICA AO ESPÍRITO SANTO

Espírito Santo,
amor do Pai e do Filho,
por tua incompreensível bondade,
atrai a ti a minha vontade
e inflama-a no fogo inextinguível
de tua caridade.
Senhor meu e Deus meu,
meu princípio e meu fim,
essência absolutamente simples,
absolutamente amável.
Ó abismo de dulçores e delícias,
ó luz amada e sublime felicidade
de minha alma,
oceano de alegrias inexplicáveis,
plenitude perfeita de todo bem.
Meu Deus e meu tudo,
de que necessitarei ainda, quando
te possuir?
És o meu bem único e imutável.
Nada procuro nem desejo
senão só a ti.
Senhor, atrai-me para ti!
Eu bato, Senhor, abre-me.
Abre a um órfão que te pede.
Esconde-me no abismo de tua
divindade.
Faze-me um único espírito contigo
para que possa fruir,
dentro de mim,
as tuas delícias.
Amém.

Alberto Magno

DEUS AMOR

Espírito Santo, Deus de amor,
concede-me uma inteligência que
te conheça,
uma angústia que te procure,
uma sabedoria que te encontre,
uma vida que te agrade,
uma perseverança que, enfim, te
possua.
Amém.

Santo Tomás de Aquino (1225-1274)

AUTOR DOS DONS CELESTES

Santo e divino Espírito.
Creio que és verdadeiramente
Deus
e um só Deus com o Pai e o Filho.
Eu te adoro e te reconheço
como autor de todos os dons
celestes.
De ti recebi as luzes
pelas quais reconheci o mal que fiz,
ofendendo-te,
e quanto sou obrigado a te amar.
Graças te dou e me arrependo
sumamente de te ter ofendido.
Mereci ser abandonado
nas minhas trevas,

mas vejo que ainda não me
desamparaste.
Ó Espírito eterno,
continua a esclarecer-me,
faze-me conhecer cada vez mais a
tua bondade infinita
e dá-me a força de te amar,
de todo coração, no futuro.
Ajunta graça à graça, para que,
cedendo ao teu poder vitorioso,
sinta-me suavemente obrigado a
te amar
com exclusão de qualquer outro
objeto.
Eu te suplico pelos merecimentos
de Jesus.
Amo-te, meu soberano Bem,
amo-te mais que a mim mesmo.
Quero ser todo teu.
Recebe-me e não permitas que
me afaste mais de ti.
Amém.

Santo Afonso Maria de Ligório
(1696-1787)

FAZE-ME CONHECER

Espírito Santo,
permanece comigo
e faze-me conhecer o Filho.
Faze-me conhecê-lo e amá-lo
sempre mais,
segui-lo, servi-lo e obedecer-lhe
sempre melhor.
Que desta forma ele seja glorificado,
tanto quanto possível,
também por sua pobre e insignificante criatura.

Charles de Foucauld

DOCE LUZ, ESPÍRITO SANTO

Quem és tu,
doce Luz, que me inundas e aclaras
a noite de meu coração?
Tu me guias com tua mão
maternal.
Se me desamparas, não avanço mais,
nem sequer um passo.
Tu és o espaço que cerca o meu ser
e no qual tu te ocultas.
Se me abandonas,
caio no abismo do nada,
do qual me chamaste para o ser.
Estás mais próximo de mim que eu,
és mais íntimo de mim que meu íntimo.

E, contudo, ninguém te atinge,
ninguém te compreende.
E nenhum nome pode aprisionar-te:
Espírito Santo Eterno Amor.

Karl Rahner (1904-1984)

SOPRO DE DEUS

Sopro de Deus,
tu, que o mundo fizeste,
vem visitar os filhos teus.
E a graça celeste nos corações que
criaste derramar.
Consolador te clamam teus devotos,
Dom do Senhor.
Fonte de vida, unção de nossas almas,
fogo divino, chama de amor.
Vem até nós, dedo da mão paterna.
Teus sete dons nos traz!
Tu, prometido pelo Pai um dia,
aos lábios mudos a Palavra dás.
Em nossa carne acende a luz que
é a tua,
nos corações, o amor.
De nossos corpos cura
a enfermidade,
infunde em nós teu eterno vigor.
Longe de nós afasta o inimigo, dá-nos a paz!
À nossa frente vai,
e do perigo livra-nos sempre — e

das obras más.
Graças a ti que o Pai nós
conheçamos,
e o Redentor
e a ti que és o Espírito de ambos:
que em todos Três creiamos com fervor
Glória a Deus Pai, e ao Salvador do mundo,
glória também, pois ressurgiu dos
mortos, glorioso.
E ao Defensor, eterna glória.
Amém.

ORAÇÃO DOS CASAIS AO ESPÍRITO SANTO

Espírito Santo, vós sois o alento do Pai e do Filho na plenitude da eternidade. Vós nos fostes enviado por Jesus para nos fazer compreender o que ele nos disse e nos conduzir à verdade completa. Vós sois para nós sopro de vida, sopro criador, sopro santificador. Vós sois quem renova todas as coisas.

Pedimo-vos, humildemente, que nos deis vida e que habiteis em cada um de nós, em cada um de nossos lares, para que possamos viver o sacramento do matrimônio como um lugar de amor, um projeto de felicidade e um caminho para a santidade. Amém.

ESPÍRITO DE DEUS

Ó meu amado, ajuda-me a dar à tua presença divina louvor infinito e ação de graças que não terá fim com minha vida. Possa minha morte somente aumentar o meu louvor e ação de graças.

Com tua presença, ó Espírito do Pai e do Filho, não temo nenhuma dor neste mundo, apenas meus pecados, e te peço, purifica-os no amor.

Espírito de Deus, como és belo! Sopra em minha alma a chama do teu fogo. Dize-me, minha alegria, o que desejas que eu faça a cada momento; desejo ser tua alegria. Dirige meu coração, desejo somente fazer a tua vontade. Para que tu somente sejas glorificado em todas as coisas. Amém.

Madre Maria Celeste Crostarosa

VEM, ESPÍRITO CRIADOR

Senhor e criador, que és nosso Deus,
vem inspirar estes filhos teus,
em nossos corações derrama a tua paz,
um povo renovado ao mundo mostrarás.

Sentimos que tu és a nossa luz,
fonte de amor, fogo abrasador.
Por isso é que ao rezar, em nome de Jesus,
pedimos, nesta hora, os dons do teu amor.

Se temos algum bem, virtude ou dom,
não vem de nós, vem do teu favor,
Porque sem ti, ninguém, ninguém pode
ser bom.
Só tu podes criar a vida interior.

Infunde pois, agora, em todos nós,
que como irmãos vamos sempre agir,
à luz do teu saber, à força do querer,
a fim de que possamos juntos construir.

E juntos cantaremos sem cessar
cantos de amor para te exaltar.
És Pai, és Filho e és Espírito de paz,
por isso, em nossa mente sempre reinarás.
Amém.

HINO A MARIA

Salve, tu por quem a alegria há de se acender; salve, por quem a desgraça acabará; salve, tu que és ressurreição de Adão decaído; salve, redenção das lágrimas de Eva.

Salve, píncaro inacessível aos raciocínios dos homens; salve abismo insondável mesmo para o olhar dos anjos.

Salve, porque tu te constituis em trono para o Rei; salve, tu que carregas aquele que todas as coisas carrega.

Salve, astro que anuncia a chegada do Sol;
salve, seio da divina Encarnação.
Salve, tu por quem a criatura se recria;
salve, em quem o Criador se torna criança.
Salve, esposa inviolada!
Salve, Maria!

Liturgia ortodoxa

ORAÇÃO A NOSSA SENHORA NA FESTA DA AKÁTISTOS

Salve, ó vós, Virgem Maria,
por intermédio de quem surge a alegria
e desaparece a dor!
Salve, trono santíssimo daquele que está
sentado sobre os querubins!
Salve, clemência de Deus em favor
dos homens!
Salve, campo que produz abundância
de misericórdia!
Salve, vós que sois dos Apóstolos
a voz perene!
Salve, dos mártires a indômita coragem!
Salve, vós que sois a fonte dos santos
mártires,
o manancial das Águas abundantes,
a vida do sagrado Banquete.
A vós, ó Maria, erguemos nossos troféus
de vitória, porque por vós caem vencidos os
nossos inimigos.
Salve, vós que sois remédio do nosso corpo
e salvação da nossa alma!

Liturgia Ortodoxa

Hino que se canta "não sentado", provavelmente do século 6º. O hino em honra de Maria vai marcado pelo número 12, talvez influenciado pelo símbolo da Mulher do Apocalipse (12,1), coroada com 12 estrelas.

VIRGEM DO MEIO-DIA

É meio-dia. Vi a igreja aberta e senti vontade de entrar, Virgem Mãe de Deus. Venho apenas louvar-vos. Nada tenho a oferecer, nada a pedir--vos. Venho, somente, ó Mãe, para vos ver. Ver e chorar de felicidade; sabendo que sou vosso filho e que aqui estais.

Nesta manhã, quando ouço o farfalhar das folhagens, nada quero dizer-vos: apenas contemplar vosso rosto e deixar meu coração cantar na sua própria linguagem. Sinto o coração muito cheio, por isso quero, como o sabiá, soltar meu canto nas mais variadas melodias!

Quero louvar-vos, ó Maria, porque sois bela, porque sois imaculada, a nova Eva enfim restituída à graça, a criatura na sua honra primitiva, tal como saiu das mãos de Deus, e no seu desabrochamento final, porque sois a Mãe de Cristo, que é a verdade entre vossos braços, a única esperança e o único fruto; porque sois mulher, o paraíso da antiga ternura esquecida, cujo olhar encontra o coração a jorrar copiosamente lágrimas acumuladas; porque me haveis salvo; porque estais aqui e aqui estareis sempre!

Agradeço, ó Mãe, ao nosso comum Criador, simplesmente porque existis e aceitais nossos louvores. Amém.

Paul Claudel

LEMBRAI-VOS

Lembrai-vos, ó puríssima Virgem Maria, que nunca se ouviu dizer que algum daqueles que recorreu à vossa proteção, implorou vossa assistência ou reclamou vosso socorro, tenha sido por vós desamparado. Animado eu pois com igual confiança, a vós recorro como minha Mãe, ó Virgem entre todas singular, e de vós me valho. Gemendo sob o peso dos meus pecados me prostro a vossos pés. Não desprezeis as minhas súplicas, ó Mãe do Filho de Deus Humanado, mas dignai-vos alcançar o que vos peço. Amém.

São Bernardo

SANTA MÃE DO REDENTOR — ALMA REDEMPTORIS MATER

Santa Mãe do Redentor.
Porta do céu sempre aberta.
Estrela do mar.
Socorrei o povo que caiu e quer levantar-se.
Vós gerastes, ante a natureza maravilhada,
aquele que vos criou.
E permanecestes sempre Virgem,
antes e depois do anúncio de Gabriel.
Tende compaixão dos pecadores.
— Bendita sois vós entre as mulheres.
— E bendito é o fruto do vosso ventre, Jesus.
OREMOS: Senhor nosso Deus, que pela maternidade virginal da bem-aventurada Virgem

Maria destes ao gênero humano os tesouros da salvação eterna, concedei que sintamos a intercessão daquela por quem recebemos o autor da vida, Jesus Cristo, vosso Filho, nosso Senhor. Amém.

SALVE, RAINHA DO CÉU — AVE REGINA COELORUM

Salve, Rainha do céu!
Salve, Senhora dos Anjos!
Salve, Raiz fecunda!
Salve, Porta do céu!
Por vós a luz levantou-se sobre o mundo.
Exultai, ó Virgem gloriosa,
entre todas a mais bela.
Salve, Esplendor radioso.
Orai por nós a Jesus.
— Aceitai o meu louvor, ó Virgem Santa.
— Dai-me força contra todo mal.

OREMOS: Ó Deus misericordioso, socorrei a nossa fraqueza. Fazei que, celebrando a memória da Santa Mãe de Deus, possamos, por sua intercessão, ser livres de nossas iniquidades. Por Nosso Senhor Jesus Cristo, que convosco vive e reina, um só Deus, com o Espírito Santo. Amém.

VIM APENAS TE VER...

Mãe, não quero nada.
Vim apenas te ver...

Em nome de todos os homens
que vivem te suplicando,
em nome de todos os irmãos
que já se aproximam de ti
de mãos estendidas,
deixa que eu esqueça um momento
o vale de lágrimas,
a terra das tristezas,
nossa miséria de mendigos,
nossa pobreza de criaturas,
nossa tristeza de pecadores,
para saudar-te,
Rainha dos Anjos,
Virgem-Mãe de Deus!

Bendito seja o Criador
de teu olhar boníssimo
que tem o dom
de acender a esperança
nas almas desalentadas,
nos corações em desespero,
à beira do abismo,
do irremediável,
do fim!

Bendito seja o Criador
de tuas mãos sem mancha

por onde passa toda a luz
que tomba sobre a escuridão dos homens!

Bendito seja o Criador
de tua sombra suavíssima
pois já notei, Mãe querida,
que bastam a tua lembrança,
o teu perfume,
para encher a solidão da vida,
a solidão do homem.

Mãe, não quero nada.
Vim apenas te ver.

Dom Hélder Câmara

PRECE A MARIA, NOSSA MÃE

Ó Consoladora dos aflitos, não me abandoneis no momento de minha morte... Obtende-me a graça de vos invocar então mais frequentemente, a fim de que eu expire com o vosso doce nome e o de vosso divino Filho nos meus lábios. Muito mais, ó minha Rainha, perdoai minha ousadia, vinde vós mesma, antes que eu expire, consolar-me com vossa presença. Essa graça a concedestes a tantos outros de vossos servos; eu a desejo e a espero também. Sou um pecador, é verdade, não a mereço; mas sou vosso servo, eu vos amo, tenho grande confiança em vós, ó Maria!

Santo Afonso Maria de Ligório (1696-1787)

SÚPLICA A MARIA

Suplico-vos, ó Maria, pela graça com que o Senhor quis estar tão estreitamente unido a vós e vós com ele, que eu esteja, pela vossa misericórdia, com ele e convosco, que o vosso amor esteja comigo e o cuidado de mim sempre convosco; que o sentimento das minhas necessidades esteja convosco e a vossa bondade sempre comigo; que a alegria de vossa felicidade esteja sempre comigo e a compaixão da minha miséria sempre convosco!

Santo Anselmo

BOM PARTO

Maria Santíssima, Mãe de Nosso Senhor † Jesus Cristo, que no ventre da Senhora Sant'Ana fostes concebida sem a mácula do pecado original, Virgem antes de conceberdes Jesus, por obra e graça do Espírito Santo, Virgem durante a vossa gravidez, Virgem depois de haverdes dado à luz do dia aquele que é a luz do mundo, humildemente vos peço, pela vossa intercessão junto ao vosso Filho, perdão para os meus pecados.

Rogo-vos, Senhora, pelas Sete Espadas que transpassaram o vosso coração quando vistes vosso Filho agonizante na cruz, a vossa proteção e a vossa assistência, nas horas do meu parto aliviando-me as dores, concedendo-me um feliz sucesso.

Maria, concebida sem pecado, rogai por nós que recorremos a vós.

Rezar três Ave-Marias e uma Salve, Rainha.

BOA VIAGEM

Virgem Santíssima, Senhora da Boa Viagem, esperança infalível dos filhos da Santa Igreja, sois guia e eficaz auxílio dos que transpõem a vida por entre perigos do corpo e da alma.

Refugiando-nos sob o vosso olhar materno, empreendemos nossas viagens certos do êxito que obtivestes quando vos encaminhastes para visitar vossa prima Santa Isabel.

Em ascensão crescente na prática de todas as virtudes transcorreu a vossa vida, até o ditoso momento de subirdes gloriosa para os céus; nós vos suplicamos pois, ó Mãe querida: velai por nós, indignos filhos vossos, alcançando-nos a graça de seguir os vossos passos, assistidos por Jesus e José, na peregrinação desta vida e na hora derradeira de nossa partida para a eternidade. Amém.

D. Antônio dos Santos Cabral

ROSA MÍSTICA

Rosa Mística, Virgem Imaculada, Mãe da Graça, para honra de Vosso Divino Filho, nos prostramos diante de vós implorando a misericórdia de Deus. Não por nossos méritos, mas pelo amor de vosso coração maternal, nós vos suplicamos que nos concedais proteção e graça com a certeza de que nos haveis de atender.

Ave, Maria...

Rosa Mística, Mãe de Jesus, Rainha do Santo Rosário e Mãe da Igreja, Corpo Místico de Cristo, nós vos pedimos que concedais ao mundo, dilacerado pela discórdia, a unidade, a paz e todas aquelas graças que podem mudar o coração de tantos filhos vossos.

Ave, Maria...

Rosa Mística, Rainha dos Apóstolos, fazei florescer à volta da Mesa da Eucaristia muitas vocações sacerdotais e religiosas que difundam, com a santidade de sua vida e com o zelo apostólico pelas almas, o Reino de vosso Filho Jesus, por todo o mundo. E derramai sobre nós também a abundância das vossas graças celestiais.

Ave, Maria...

Salve, Rainha. Rosa Mística, Mãe da Igreja, rogai por nós.

(Com aprovação eclesiástica.)

NOSSA SENHORA DA AMÉRICA

Virgem da esperança, a América desperta! Sobre suas montanhas desponta a luz de uma nova manhã. É o dia da salvação que se aproxima. Sobre os povos que caminhavam na treva, brilhou uma luz! Essa luz é o Senhor, que tu nos deste, há muito tempo, em Belém, à meia-noite. Queremos caminhar na esperança!

Que os bispos tenham um coração de Pai. Que os sacerdotes sejam os amigos de Deus para os homens. Que os religiosos mostrem a alegria antecipada do Reino dos céus. Que os leigos sejam, diante do mundo, testemunhas do Senhor Ressuscitado.

Nossa Senhora da América, ilumina nossa esperança, alivia nossa pobreza, peregrina conosco para o Pai. Assim seja!

Cardeal Pirônio

PERPÉTUO SOCORRO

Ó Mãe do Perpétuo Socorro, nós vos suplicamos, com toda a força de nosso coração, amparar a cada um de nós em vosso colo materno, nos momentos de insegurança e sofrimento; que o vosso olhar esteja sempre atento para não nos deixar cair em tentação; que em vosso silêncio aprendamos a aquietar nosso coração e a fazer a vontade do Pai.

Intercedei junto ao Pai pela paz do mundo e em nossas famílias. Abençoai todos os vossos filhos e filhas enfermos. Iluminai nossos governantes e representantes, para que sejam sempre servidores do grande povo de Deus.

Concedei-nos ainda muitas e santas vocações religiosas, sacerdotais e missionárias para a maior difusão do reino de vosso Filho Jesus Cristo.

Enfim, derramai nos corações dos vossos filhos e filhas a vossa bênção de amor e misericórdia.

Sede sempre o nosso Perpétuo Socorro na vida e principalmente na hora da morte. Amém.

Pe. José Pereira, C.Ss.R.

NOSSA SENHORA AUXILIADORA

Ó Maria Virgem poderosa, tu grande e ilustre defensora da Igreja, tu auxílio maravilhoso dos cristãos. Tu terrível como exército ordenado em batalha, tu que, só, destruíste toda heresia em todo o mundo: ah! nas nossas angústias, nas nossas lutas, nas nossas aflições, defende-nos do inimigo; e na hora da morte, acolhe a nossa alma no Paraíso. Amém.

São João Bosco

A SANTO ANTÔNIO

Lembrai-vos, ó glorioso Santo Antônio, amigo do Menino Deus e servo fiel de Maria Santíssima, que nunca se ouviu dizer que alguém que a vós tivesse recorrido ou implorado vossa proteção, tivesse ficado desatendido. É isto que me enche de confiança e me anima a recorrer aos vossos préstimos. Sinto-me oprimido por meus pecados, mas mesmo assim ouso dirigir-me a vós e expor minhas necessidades e aflições. Não rejeiteis a minha oração, vós que tanto podeis junto ao Coração do Cristo e obtende-me a graça que confiadamente vos peço...

BÊNÇÃO DE SANTO ANTÔNIO

Eis aqui a Cruz do Senhor!

Fugi, partes contrárias. Venceu o Leão da tribo de Judá, o Filho de Davi. Aleluia.

Cristo vence. Cristo reina. Cristo manda com império. Cristo nos defende de todo o mal. Cristo Rei veio em paz. O Verbo se encarnou e Deus se fez Homem.

— Rogai por nós, Santo Antônio.

— Para que sejamos dignos das promessas de Cristo.

OREMOS: Ó Deus, nós vos suplicamos que a festa de Santo Antônio, vosso confessor e doutor, alegre a vossa Igreja. Assim fortalecida sempre com os auxílios espirituais, mereça gozar as alegrias eternas. Por Jesus Cristo Nosso Senhor. Amém.

ORAÇÃO A SÃO JUDAS TADEU

São Judas Tadeu, glorioso Apóstolo, fiel servo e amigo de Jesus. A Igreja vos honra e venera por todo o mundo como patrono dos casos desesperados e negócios que não têm remédio. Rogai por mim, que estou assim tão desolado. Eu vos imploro: vinde em meu socorro com vossa intercessão, trazendo ajuda quando a esperança desaparece quase por completo. Assisti-me nesta minha grande necessidade, para que eu possa receber as consolações e o auxílio do céu em minhas precisões, tribulações e sofrimentos. Alcançai-me, São Judas, a graça que hoje vos peço... Desde já eu vos agradeço, bendito São Judas. E mesmo que eu não consiga exatamente o que espero, tenho certeza da vossa proteção. Quero sempre honrar-vos como especial e poderoso patrono. Quero ter também a grande alegria de espalhar a vossa devoção por toda parte.

São Judas, rogai por nós e por todos os que vos honram e invocam o vosso auxílio.

3 Pai-nossos, 3 Ave-Marias, 3 Glórias ao Pai

ORAÇÃO A SANTA MÔNICA PELA CONVERSÃO DE UM FILHO OU FILHA

Santa Mônica, de vós foi dito com razão, a respeito da conversão do vosso filho Agostinho: "Não pode ficar sempre perdido um filho de tantas lágrimas". Olhai agora para o meu coração angustiado por causa do comportamento do meu filho (da minha filha). Tenho sofrido tanto desgosto. Santa Mônica, intercedei por mim e por meu filho (minha filha). Livrai-o (livrai-a) do tóxico, do vício e das más companhias. Juntai as vossas lágrimas com as minhas, para comover o coração de Deus. E assim, o meu filho (a minha filha) vai voltar para o bom caminho da fé e da bondade. Eu confio em Deus e na vossa intercessão de mãe junto a ele. Minha Santa Mônica, implorai ao Pai do Céu, para que chame de volta o meu filho (a minha filha), que certamente não está feliz. Concedei essa alegria ao meu coração amargurado. Santa Mônica, rogai por nós. Santo Agostinho, rogai por nós.

A SÃO JOSÉ

Glorioso São José, que fostes exaltado pelo Eterno Pai, obedecido pelo Verbo Encarnado, favorecido pelo Espírito Santo e amado pela Virgem Maria: Louvo e bendigo a Santíssima Trindade pelos privilégios e méritos com que vos enriqueceu. Sois poderosíssimo e jamais se ouviu dizer que alguém tenha recorrido a vós e fosse por vós desamparado. Sois o Consolador dos aflitos, o amparo dos míseros e o advogado dos pecadores. Acolhei, pois, com bondade paternal a quem vos invoca com filial confiança e alcançai-me as graças que vos peço... Eu vos escolho por meu especial protetor. Sede, depois de Jesus e Maria, minha consolação nesta terra, meu refúgio nas desgraças, meu guia nas incertezas, meu conforto nas tribulações, meu pai solícito em todas as necessidades. Obtende-me, finalmente, como coroa dos vossos favores, uma boa e santa morte na graça de Nosso Senhor. Assim seja.

A SANTA LUZIA

Ó Santa Luzia, preferistes deixar que os vossos olhos fossem vazados e arrancados antes de negar a fé e conspurcar a vossa alma. Deus, com um milagre extraordinário, vos devolveu outros dois olhos sãos e perfeitos para recompensar vossa virtude e vossa fé. Ele vos constituiu protetora contra as doenças dos olhos. Eu recorro a vós para que protejais minhas vistas e cureis a doença dos meus olhos.

Ó Santa Luzia, conservai a luz dos meus olhos para que possa ver as belezas da criação, o brilho do sol, o colorido das flores, o sorriso das crianças.

Conservai também os olhos de minha alma, a fé, pela qual eu possa conhecer o meu Deus, compreender os seus ensinamentos, reconhecer o seu amor para comigo e nunca errar o caminho que me conduzirá para onde vós, Santa Luzia, vos encontrais em companhia dos anjos e dos santos.

Santa Luzia, protegei os meus olhos e conservai minha fé. Amém!

A SÃO CRISTÓVÃO

Ó glorioso mártir São Cristóvão, alma generosa que caminhastes como gigante nos caminhos da virtude, até o extremo de confessar o vosso batismo misturando o vosso sangue ao Precioso Sangue de Jesus Cristo, Divino Redentor nosso; confiados na eficácia de vossa intercessão, nós vos rogamos nos livreis de todos os perigos e acidentes nas viagens que empreendemos durante esta vida e sobretudo na última jornada para a casa de nossa Eternidade.

A SANTO AFONSO DE LIGÓRIO

Ó glorioso e muito amado protetor meu, Santo Afonso, vós, que tanto haveis trabalhado e sofrido para assegurar aos homens o fruto da redenção, valei as necessidades da minha pobre alma. Por vossa tão poderosa intercessão para com Jesus e Maria, obtende-me a verdadeira contrição e o perdão das minhas faltas passadas, um horror profundo ao pecado e fortaleza suficiente para resistir às tentações. Comunicai-me, vos suplico, uma centelha daquela caridade ardente em que o vosso coração sempre viveu inflamado. Fazei que, à vossa imitação, a vontade de Deus seja a regra única de minha vida. Alcançai-me um ardente e constante amor a Jesus, uma terna e fiel devoção a Maria; a graça de orar sempre e de perseverar ao serviço até chegar o dia mil vezes ditoso em que possa ir juntar-me convosco, para vos louvar por toda a eternidade. Amém.

Pai-nosso, Ave-Maria, Glória ao Pai.

A SÃO BENEDITO

Glorioso São Benedito, grande confessor da fé, com toda a confiança venho implorar a vossa valiosa proteção. Vós, a quem Deus enriqueceu com os dons celestes, impetrai-me as graças que ardentemente desejo, para maior glória de Deus. Confortai o meu coração nos desalentos. Fortificai minha vontade para cumprir bem os meus deveres.

Vinde orientar-me nas horas decisivas da vida. Dai-me confiança nos desânimos e sofrimentos. Sede o meu companheiro nas horas de solidão e desconforto. Assisti-me e guiai-me na vida e na hora da minha morte, para que eu possa bendizer a Deus neste mundo e gozá-lo na eternidade com Jesus Cristo, a quem tanto amastes. Assim seja.

A SÃO JORGE

Ó Deus, que nos alegrais com os méritos e as orações de vosso mártir São Jorge, concedei-nos, benignamente, que, implorando os vossos benefícios por sua intercessão, os obtenhamos pelo efeito de vossa graça. Por Nosso Senhor Jesus Cristo, que convosco vive e reina pelos séculos dos séculos. Vós me protegestes, ó Deus, contra a conspiração dos malignos e da multidão dos que praticam a iniquidade. Aleluia, aleluia. Ouvi, ó Deus, a minha oração, assim vos imploro, livrai a minha alma do temor do inimigo. Amém.

A SÃO BENTO

Pai Celeste, pelos méritos de São Bento, afastai de mim o mal que me aflige. O nome do Bem-aventurado São Bento é abençoado, eternamente. São Bento tudo obterá de vossa bondade e justiça. Pelas suas preces, afaste-me São Bento de tudo quanto ofenda o Senhor Deus. Obtenha São Bento para mim as graças da Divina Providência.

Por nosso Senhor † Jesus Cristo. Assim seja.

São Bento, protegei-me dos ataques do demônio.

São Bento, protegei-me das moléstias e males imprevistos.

São Bento, curai-me com a permissão de Deus, nosso Pai.

Pai-nosso e *Ave-Maria.*

ORAÇÃO A SÃO MANOEL — MÁRTIR

Ó glorioso São Manoel! Neste dia recorremos a vós, saudando nosso padroeiro e agradecendo o quanto tendes feito por nós e pela nossa cidade.

Confiamos em vós, querido padroeiro, olhai por nós, interessai-vos pelos nossos problemas e pelas nossas preocupações. Esperamos em vós e pedimos apresentar a Deus nossas súplicas e advogar junto dele a nossa causa.

Foto da imagem de N. S. Aparecida: Fabio Colombini

Guardai nossas famílias, conservai a nossa fé, aumentai a nossa esperança e defendei-nos de todo o mal. Vós que merecestes a coroa dos mártires, porque derramastes o vosso sangue por amor de Jesus, merecei para nós todos a perseverança no amor de Jesus, para alcançarmos também a glória do céu. Amém.

CONSAGRAÇÃO DE SANTA TERESINHA

Ó meu Deus, Trindade Santíssima, eu desejo amar-te e fazer-te amado. Desejo trabalhar pela glorificação da santa Igreja, salvando as almas que estão na terra e libertando as que padecem no purgatório. Desejo cumprir perfeitamente a tua vontade e chegar ao grau de glória que me preparaste em teu reino. Numa palavra, desejo ser santa, mas sinto o peso de minhas fraquezas. Por isso peço-te que tu mesmo sejas a minha santidade. A fim de viver num ato de perfeito amor, eu me ofereço como vítima de holocausto a teu Amor Misericordioso, suplicando-te que me consumas sem cessar, deixando transbordar em minha alma as torrentes de Ternura Infinita que em ti se encerram, e que assim eu me torne Mártir de teu Amor. Que este Martírio, depois de me ter preparado para apresentar-me diante de ti, me faça por fim morrer, e que minha alma se eleve sem tardança nos eternos ardores de teu Amor Misericordioso. Eu quero, a cada batida de meu coração, renovar esta oblação um número imenso de vezes, de tal modo que, dissipadas as sombras, eu possa finalmente repetir-te o meu Amor num eterno face a face.

ORAÇÃO AO SANTO DO MEU NOME

Glorioso São ... (Santo ... gloriosa Santa ...), vós tendes o meu nome. Ou melhor, eu recebi o vosso nome, e por isso me coloco sob a vossa proteção. Suplicai a Deus por mim, para que eu nunca me esqueça do meu batismo, quando assumi esse nome, do qual muito me sinto honrado. Fazei que eu siga vossos exemplos. Que eu viva na fé em Deus e na caridade com o meu próximo. Que eu não deixe passar as ocasiões que Deus me oferece para fazer o bem a quem precisar de mim.

Hoje, de todo o coração, dou graças a Deus pela vida que ele me deu, pelo nome que recebi, pelo bem que posso fazer. E vós, meu Santo (minha Santa), ajudai-me a viver firme na fé, perseverante na caridade, na esperança que tenho de um dia encontrar-vos no céu, e convosco louvar eternamente ao Pai, ao Filho e ao Espírito Santo. Amém.

ORAÇÃO DA FAMÍLIA I

Bem debaixo, Senhor, da tua asa,
coloca a nossa casa.
Nossa mesa abençoa, e o leite e o linho,
guarda o nosso caminho.
Brota em torno o jardim, frutos, flores,
em nossa boca louvores.
Conserva pura a fonte de cristal,
longe o pecado e o mal.
Repele o incêndio, a peste, a inundação,
reine a paz e a união.
Bem haja, na janela, o azul do dia,
na parede, Maria.
Encontre a noite quieta, à luz acesa,
quente sopa na mesa.
Batam à porta o pobre e o viajor
e tu mesmo, Senhor.
Tranquilo seja o sono sob a cruz
que a outro sol conduz.

Dom Marcos Barbosa, OSB

ORAÇÃO DA FAMÍLIA II

Senhor Deus, nosso Pai, em vós tem origem a vida de todas as pessoas e da própria família.

Por isso, vos pedimos que a nossa família viva sempre unida, esteja sempre pronta a servir e a querer bem a todos. Queremos um mundo de justiça, de amor e de paz, onde todos possam viver com dignidade sua própria vocação.

Pela intercessão de Nossa Senhora Aparecida, nossa Mãe, Rainha e Padroeira, e Mãe de Jesus Cristo, vosso Filho, ajudai-nos a viver bem a graça e as exigências do nosso batismo.

Glória ao Pai, ao Filho e ao Espírito Santo! Como era no princípio, agora e sempre. Amém!

ORAÇÃO DA FAMÍLIA III

Senhor, cuidai de nosso lar! Que não se lhe apague o fogo da fé e do amor! Velai pela integridade de nossas famílias! Dai-nos hoje o pão de cada dia! Considerai nossas precisões e conservai-nos a alegria!

Guardai a inocência de nossos filhos, nosso maior bem nesta vida!

Ficai conosco, já que nos reunimos em vosso nome!

Entre os retratos, que guardamos com tanto carinho, está o vosso. Vossa imagem na cruz nos dá força e coragem para enfrentarmos os momentos difíceis de nossa vida.

Senhor, Vivo e Ressuscitado, que nós saibamos vos perceber no sorriso e nas lágrimas de nossos filhos, como também em todos aqueles que entrarem em nosso lar! Ficai sempre conosco, Senhor, pois sem a vossa presença, nossa alegria não é verdadeira e nossa felicidade não é completa. Amém.

ORAÇÃO DA FAMÍLIA IV

Olha, Senhor, uma vez mais sobre nossa família. Tu conheces nossas alegrias e esperanças, nossos temores e medos, nossos dramas e inquietudes. Queremos viver profundamente unidos acolhendo cada um com suas diferenças. Nossa casa precisa ser espaço de acolhida de tua vontade, lugar de encontro e de partilha, asilo para todos os que sofrem e precisam de conforto. Prepara nossos corações para viver o dom e o amor, a solidariedade e a justiça, para acolher teus desígnios e apelos.

Olha todas as famílias da terra: as bem constituídas e aquelas que vivem na instabilidade: as famílias sem pai ou sem mãe e aquelas que vivem dramas e dores. Queremos ser o sal da terra, a luz do mundo e o fermento da massa! Que a Família de Nazaré nos inspire e nos ajude. Amém.

ORAÇÕES DA FAMÍLIA REUNIDA

Antes da refeição

Pai: Senhor, lembrai-vos de vossa misericórdia.
Todos: E vinde em nosso auxílio.
Pai: Abençoai-nos, Senhor. Abençoai esta mesa, esta nossa refeição e fornecei o pão a quem não o tem.
Todos: Amém.

Depois da refeição

Pai: Senhor, lembrai-vos de vossa misericórdia.
Todos: E vinde em nosso auxílio!
Pai: Por estes vossos dons, Senhor, cantamos hinos de amor. Guardai-nos puros, fortes e alegres até chegarmos ao céu.
Todos: Amém.

Oração da noite

Pai: Em nome do Pai, do Filho e do Espírito Santo.
Todos: Amém.
Mãe: Vamos pensar por um momento se tudo o que fizemos hoje agradou a Deus, agradecer-lhe pelo bem que fizemos e pedir perdão se em alguma coisa o desagradamos.
(Um momento de silêncio para todos pensarem...)
Todos: Pai-nosso...
Pai: Cristo ressuscitou. Se ressuscitamos com Cristo, procurai as coisas que são do alto; onde ele está sentado à direita do Pai. Saboreai as coisas celestes e não as terrenas.

Todos: Vós, Senhor, estais conosco e vosso Santo Nome foi invocado sobre nós. Não nos abandoneis, ó Senhor nosso Deus!
Mãe: Salvai-nos, Senhor, quando acordados e, guardai-nos se dormimos, a fim de que vigiemos com o Cristo e descansemos em paz.
Pai: Visitai, Senhor, esta casa, e afastai todos os perigos. Habitem nela os vossos santos anjos. Que nos guardem em paz. E vossa bênção permaneça conosco para sempre.
Todos: Amém.
Pai: Que o Senhor Onipotente e Misericordioso, Pai, Filho e Espírito Santo nos abençoe e ajude.
Todos: Amém.

ORAÇÃO DO CASAL

Senhor, somos dois, somos homem e mulher;
somos um casal que busca pelo caminho do amor humano.

Nossas vidas corriam distantes
e por caminhos distintos.
Não sabemos como nos encontramos.
Só sabemos que tudo se sucedeu assim
porque tu o quiseste, para tua glória e
nossa felicidade.

Obrigado, Senhor, pela sublime vocação matrimonial
pela qual nos associas contigo para fazer do mundo comunidade de homens,
família de irmãos, lar de filhos de Deus.

Nós queremos ser-te fiéis,
mas desconfiamos das nossas forças.
Ajuda-nos, Senhor, na difícil tarefa do amor,
que é tarefa de sacrifício e de entrega generosa.

Livra-nos do egoísmo que esteriliza a vida,
da impureza que profana o teu templo
e do orgulho
que nos desliga de ti e dos outros.

Sê tu, companheiro e hóspede constante
de nossa casa
e de nossa vida matrimonial.
Amém.

ORAÇÃO DOS ESPOSOS

Senhor Jesus, fazei do nosso lar
um lugar do vosso amor.
Que não haja injúrias, porque vós nos dais compreensão.
Que não haja aflições, porque vós nos abençoais.
Que não haja egoísmo, porque vós nos alimentais.

Que saibamos caminhar para vós, em nossa vida de cada dia.
Que, em cada manhã, nasça mais um dia de doação e sacrifício.
Fazei, Senhor, de nossos filhos, aquilo que desejais.
Ajudai-nos a educá-los e a orientá-los em vosso caminho.
Fazei que nos esforcemos em nos consolar mutuamente.
Ó Maria, Mãe amorosíssima de Jesus e nossa Mãe, fazei, por vossa intercessão,
que Jesus acolha bondosamente
a oferta que fazemos de nossa família
e nos conceda as suas bênçãos e graças.
Amém.

ORAÇÃO DE CASAIS RECASADOS

Senhor,
tu conheces o coração de cada um de nós
e sabes dos combates, provações e feridas
que marcam a vida de tantos casais,
inclusive o nosso,
como também sabes dos fracassos do amor.
Só tu podes avaliar nossa parcela de pecado,
como a parcela de generosidade e fidelidade,
que marcam nossas vidas.
Só tu podes compreender o caminho
que, para além do fracasso, nos levou
a encontrar e acolher um autêntico amor.

Nós sabemos necessitar de tua misericórdia:
Quem poderia se imaginar dispensado
de estender-te seus braços?
E cremos que este amor que vivemos hoje,
verdadeiramente, é uma parte,
mesmo pequena, do teu amor.
Nós temos necessidade
de partilhar nossa fé com os irmãos.
E precisamos do pão que é nossa esperança
e nos dá força para viver segundo tua palavra.
Senhor, nós te suplicamos:
recebe-nos na mesa, onde reúnes teus amigos.
Tu, que atendeste a suplicante cananeia,
tu, que amas sem condições
e sem esperar retorno,
tu, que nós queremos amar,
para sempre.
Amém.

ORAÇÃO PELO LAR

SENHOR:
Faz de nosso lar um ninho de teu amor.
Que não haja amargura,
porque tu nos abençoas.
Que não haja egoísmo,
porque tu nos animas.
Que não haja rancor,
porque tu nos perdoas.
Que não haja abandono,
porque tu estás conosco.

Que saibamos caminhar para ti
em nossa rotina diária.
Que cada manhã seja o início de mais
um dia de entrega e sacrifício.
Que cada noite nos encontre
ainda mais unidos no amor.
Faz, Senhor, de nossos filhos,
o que tu anseias. Ajuda-nos a
educá-los, a orientá-los pelos
teus caminhos.
Que nos esforcemos no consolo mútuo.
Que façamos do amor, um motivo para
amar-te mais.
Que demos o melhor de nós mesmos
para sermos felizes no lar.
Que quando amanheça o grande dia de
ir ao teu encontro, nos conceda
estarmos unidos para sempre em ti.
Amém.

ORAÇÃO DA DONA DE CASA

Não posso ser a santa que medita aos vossos pés.
Não posso bordar a toalha para o vosso altar.
Então, que eu seja Santa ao pé do meu fogão.

Que o vosso amor esquente a chama que eu acendi e faça calar minha vontade de gemer minha miséria.

Tenho as mãos de Marta Senhor, mas quero também ter alma de Maria.

Quando eu lavar as panelas, lavai, Senhor os meus pecados. Quando eu puser na mesa a comida, comei também, Senhor, junto conosco. É ao meu Senhor que eu sirvo, servindo minha família.

ORAÇÕES PELOS AGONIZANTES, PELOS MORTOS E PELAS ALMAS DO PURGATÓRIO

ORAÇÃO PELOS AGONIZANTES

Ó Clementíssimo Jesus, amante das almas, rogo-vos pela agonia do vosso Sacratíssimo coração, pelas dores de vossa Mãe Imaculada, que purifiqueis, em vosso Sangue, todos os pecadores da terra que estão em agonia, e que hoje hão de morrer. Amém.

Coração agonizante de Jesus, tende misericórdia dos moribundos.

ÚLTIMA MEDITAÇÃO À VÉSPERA DA MORTE

Em ti esperei, Senhor!
Não serei eternamente confundido!
Ó maravilhoso poder da esperança!
A tristeza não permanece em sua presença.
Pode ressoar seu fragor,
os inimigos podem assediar-me,
nada temo,
pois espero em ti, Senhor!

Tu és a minha esperança,
meu refúgio forte e inexpugnável,
já penetrei dentro dele.
A esperança abriu-me suas portas.
Não penetrei temerariamente.
A esperança é minha escusa antecipada.

Ela me diz:
"Eis, ó homem, o teu refúgio,
abre os olhos e vê:
Deus é teu único asilo.

Somente ele pode libertar-te,
somente ele te consola e te salva!
O coração dos homens está nas mãos de Deus.
Ele o guia segundo sua vontade.

— Considera minha bondade e meu amor.
Não seria amigo dos homens
quem pelos homens se fez homem?
Quem pelos pecadores sofreu a morte?

Na verdade, ele é teu Pai.
Poderia um pai esquecer seu filho?
É ele quem nos diz,
pela escritura,
'já que o homem confiou em mim,
eu o libertarei,
tirá-lo-ei de suas tribulações'".

Ó imensa força da esperança,
como ela se difunde pelo mundo inteiro!
Não serei eternamente confundido!
Poderei sê-lo na terra,
não na eternidade!
Com teu braço forte,
com teu julgamento equitativo,
liberta-me, Senhor!

Savonarola (Florença, 23/05/1498)

PELOS MORTOS I

Pai Santo, Deus eterno e todo-poderoso, nós vos pedimos por (*nome do falecido*), que chamastes deste mundo. Dai-lhe a felicidade, a luz e a paz. Que ele(ela), tendo passado pela morte, participe do convívio de vossos santos na luz eterna, como prometestes a Abraão e à sua descendência. Que sua alma nada sofra, e vos digneis ressuscitá-lo(la) com os vossos santos no dia da ressurreição e da recompensa. Perdoai-lhe os pecados para que alcance junto a vós a vida imortal no reino eterno. Por Jesus Cristo, vosso Filho, na unidade do Espírito Santo.

Pai-nosso e Ave-Maria.

Dai-lhe, Senhor, o repouso eterno e brilhe para ele(ela) a vossa luz.

PELOS MORTOS II

Nas vossas mãos, Pai de misericórdia, entregamos nosso(a) querido(a) (*nome do falecido*), na firme esperança de que ele(ela) ressuscitará com Cristo no último dia, como todos os que em Cristo adormeceram. Nós vos damos graças por todos os dons que lhe concedestes na sua vida mortal. Escutai, Senhor, as nossas preces: abri para ele(ela) as portas do paraíso, e a nós que ficamos concedei que nos consolemos uns aos outros com as palavras da fé. É o que vos pedimos por Jesus Cristo, vosso Filho, na unidade do Espírito Santo.

Pai-nosso e *Ave-Maria.*

Dai-lhe, Senhor, o repouso eterno e brilhe para ele(ela) a vossa luz.

PELAS ALMAS I

Ó Pai das misericórdias, Deus de infinita bondade, humildemente vos rogamos tenhais piedade das almas santas que estão no purgatório, especialmente dos nossos parentes e benfeitores. Lançai um olhar propício sobre elas e chamai-as para a posse da pátria celestial.

Dignai-vos, pois, usar com elas a vossa infinita misericórdia. Ouvi, Senhor, o pedido que vos fazemos com toda a confiança, em vista dos merecimentos da paixão e morte de Jesus, e fazei que elas fiquem consoladas indo gozar, sem demora, aquela glória imortal que tendes preparado para os vossos eleitos.

Misericordioso Senhor, tende piedade das benditas almas do purgatório.

Dai-lhes, Senhor, o eterno descanso.

E entre os resplendores da luz perpétua fazei que descansem em paz.

PELAS ALMAS II

Senhor Jesus, dignai-vos, pelo sangue precioso que derramastes no Jardim das Oliveiras, socorrer e livrar as almas do Purgatório, principalmente a mais desamparada. Levai-a hoje para o céu, a fim de que, unida aos Anjos e à vossa Mãe Santíssima, ela vos bendiga para sempre. Amém.

Senhor Jesus, pelo sangue precioso que derramastes durante vossa flagelação, dignai-vos socorrer e livrar as almas do Purgatório, principalmente a que em vida me fez mais benefícios. Levai-a hoje para o céu, a fim de que, unida aos Anjos e à vossa Mãe Santíssima, ela vos bendiga para sempre. Amém.

Senhor Jesus, pelo sangue precioso que derramastes durante a vossa coroação de espinhos, dignai-vos socorrer e livrar as almas do Purgatório, principalmente a que mais amou a Santíssima Virgem. Levai-a hoje para o céu, a fim de que unida aos Anjos e à vossa Mãe Santíssima, ela vos bendiga para sempre. Amém.

Senhor Jesus, pelo sangue precioso que derramastes carregando vossa cruz, dignai-vos socorrer e livrar as almas do Purgatório, principalmente a que sofre pelos maus exemplos que lhe dei. Levai-a hoje para o céu, a fim de que unida aos Anjos e à vossa Mãe Santíssima, ela vos bendiga para sempre. Amém.

Senhor Jesus, pelos merecimentos do sangue precioso contido no cálice que apresentastes a vossos apóstolos depois da Ceia, dignai-vos socorrer e livrar as almas do Purgatório, principalmente a que foi mais fervorosa com o Santíssimo Sacramento do Altar. Levai-a hoje para o céu, a fim de que unida aos Anjos e à vossa Mãe Santíssima, vos bendiga para sempre. Amém.

Senhor Jesus, pelos méritos do sangue precioso que emanou de vossas chagas, dignai-vos socorrer e livrar as almas do Purgatório, principalmente aquela a quem me confiastes na terra. Levai-a hoje para o céu, a fim de que unida aos Anjos e à vossa Mãe Santíssima, ela vos bendiga para sempre. Amém.

Senhor Jesus, pelos méritos do sangue precioso que saiu do vosso Sagrado Coração, dignai-vos socorrer e livrar as almas do Purgatório, principalmente a que mais propagou o culto do vosso Sacratíssimo Coração. Levai-a hoje para o céu, a fim de que unida aos Anjos e à vossa Mãe Santíssima, ela vos bendiga para sempre. Amém.

Senhor Jesus, pelos merecimentos de vossa adorável resignação sobre a Cruz, dignai-vos socorrer e livrar as almas do Purgatório, principalmente a que mais padece por minha causa. Levai-a hoje para o céu, a fim de que unida aos Anjos e à vossa Mãe Santíssima, ela vos bendiga para sempre. Amém.

Senhor Jesus, pelos méritos das lágrimas que a Santa Virgem derramou aos pés de vossa cruz, dignai-vos socorrer e livrar as almas do Purgatório, principalmente a que vos é mais cara. Levai--a hoje para o céu, a fim de que, unida aos Anjos e à Vossa Mãe Santíssima, ela vos bendiga para sempre. Amém.

ORAÇÃO A NOSSA SENHORA DA CONSOLAÇÃO PELAS ALMAS

Ó Mãe compassiva da Consolação, olhai, vos rogo, para as benditas almas do purgatório. Elas são o caríssimo objeto de amor de vosso divino Filho; elas o amaram durante a vida e ao presente ardem em desejos de vê-lo e possuí-lo; não podem, porém, romper por si mesmas as cadeias e nem sair desta situação. Que o vosso terno coração se comova por elas. Dignai-vos consolar aquelas almas que vos amam e, constantes, suspiram por vós; são filhas vossas, mostrai que sois para elas Mãe da Consolação. Visitai-as, mitigai-lhes as penas, abreviai-lhes a expectativa, apressai-vos em libertá-las, alcançando que o vosso divino Filho lhes aplique os merecimentos infinitos do santo sacrifício que por elas se celebra.

Pai-nosso, Ave-Maria e *Glória ao Pai.*

ORAÇÃO ÀS ALMAS

Almas benditas do Senhor, vós que estais na intimidade de Deus, nosso Pai, e ansiosas aguardais a hora abençoada em que as portas do céu se abram para vós, ouvi a nossa súplica.

Vós, que no convívio com os homens experimentastes as angústias e as aflições desta terra e hoje estais na expectativa de gozar da mais plena felicidade da vossa união com Deus, pedi ao Pai alívio para os nossos sofrimentos e coragem para prosseguirmos em nossa caminhada para a casa do Pai.

Vós, que nesta vida colocastes vossa mão trêmula e fraca na mão forte e segura de Jesus Cristo, que caminhastes lado a lado com ele através dos anos da vida terrestre e que hoje estais na feliz companhia do Nosso Salvador junto ao Pai, fazei que o coração de Jesus infunda confiança e paz em nosso coração e ilumine nosso espírito com sua divina sabedoria para que possamos caminhar tranquilos nas estradas tortuosas desta vida até juntarmo-nos a vós no banquete celeste com a Virgem Maria e com todos os Santos. Amém.

Almas santas e benditas, rogai a Deus por nós, que rogaremos a Deus por vós; alcançai para nós os **favores que vos suplicamos**... e que Deus vos dê repouso e luz eterna. Amém.

LADAINHA PELAS ALMAS DO PURGATÓRIO

Senhor, tende piedade de nós!
Jesus Cristo, tende piedade de nós!
Senhor, tende piedade de nós!
Jesus Cristo, ouvi-nos!
Jesus Cristo, atendei-nos!
Pai celeste, verdadeiro Deus,
— Tende piedade das almas do Purgatório!
Filho, Redentor do mundo, verdadeiro Deus,
Espírito Santo, verdadeiro Deus,
Santa Trindade, um único Deus,
Santa Maria,
— Rogai pelas almas do Purgatório!
Santa Mãe de Deus,
Santa Virgem das virgens,
São Miguel,
Santos anjos e arcanjos,
Coro dos espíritos bem-aventurados,
São João Batista,
São José,
Santos patriarcas e santos profetas,
São Pedro,
São Paulo,
São João,
Santos apóstolos e santos evangelistas,
Santo Estêvão, São Lourenço, santos mártires, São Gregório, Santo Ambrósio, Santo Agostinho,
São Jerônimo,

Santos pontífices e santos confessores,
Santos doutores,
Santos sacerdotes e santos levitas,
Santos frades e santos eremitas,
Santas virgens e santas viúvas,
Vós todos, santos amigos de Deus,
Sede-nos propício, perdoai-lhes, Senhor!
Sede-nos propício, ouvi-nos, Senhor!
De seus sofrimentos, livrai-as, Senhor!
Da vossa cólera,
— Livrai-nos, Senhor!
Da severidade da vossa justiça,
Do remorso da consciência,
Das tristes trevas que as cercam
Dos prantos e gemidos,
Pela vossa encarnação,
Pelo vosso nascimento,
Pelo vosso doce nome,
Pela vossa profunda humildade,
Pela vossa obediência,
Pelo vosso infinito amor,
Pela vossa agonia e vossos sofrimentos,
Pela vossa paixão e vossa santa cruz,
Pela vossa santa ressurreição,
Pela vossa admirável ascensão,
Pela vinda do Espírito Santo consolador, no dia do julgamento.
Ainda que sejamos pecadores, nós vos pedimos, ouvi-nos!
Vós, que perdoastes aos pecadores e salvastes o bom ladrão,
— Nós vos pedimos, ouvi-nos!

Vós, que nos salvais por misericórdia,
Vós, que tendes as chaves da morte e do inferno,
Dignai-vos livrar das chamas nossos parentes, amigos e benfeitores,
Dignai-vos salvar todas as almas que gemem longe de nós,
Dignai-vos ter piedade daquelas que não têm intercessores neste mundo,
Dignai-vos admiti-las no número de vossos eleitos, nós vos pedimos, ouvi-nos!
Cordeiro de Deus, que tirais os pecados do mundo, dai-lhes o descanso eterno! (3 vezes)

TERÇO DAS ALMAS

Em cada conta, na qual se reza o **Pai-nosso**, rezar: "Meu Jesus misericordioso, meu Deus. Creio em vós porque sois a mesma verdade. Espero em vós porque sois fiel às vossas promessas. Amo-vos porque sois infinitamente bom e amável".

Nas três contas junto da cruz rezar: "Meu bom Jesus, não me deixeis morrer sem receber os últimos sacramentos".

Nas **dezenas**, rezar: "Doce Coração de Maria, sede a minha Salvação".

NOVENA DAS ALMAS

Eterno Pai, eu vos ofereço o preciosíssimo sangue, as santas chagas, e todos os méritos, da Paixão e Morte de Jesus; as lágrimas e as dores de sua Mãe Santíssima, pedindo-vos alívio para as almas do Purgatório.

Nossa Senhora do Carmo, rogai por elas.

São José, rogai por elas.

São Miguel Arcanjo, intercedei por elas.

E vós, almas santas e benditas, ide perante Deus apresentar a minha súplica. Amém.

ORAÇÃO PELA FÉ

Senhor, nós cremos e queremos crer em vós.

Fazei que nossa fé seja *pura*, sem reservas, e que penetre nossos pensamentos e nosso modo de julgar as coisas divinas e as coisas humanas.

Senhor, fazei que nossa fé seja *certa*; certa pelo testemunho do Espírito Santo aos nossos corações e pela lógica das provas externas; certa pela luz que nos tranquiliza e pela naturalidade que nos descansa.

Senhor, fazei que nossa fé seja *forte*: que ela não tema as contrariedades dos problemas que enchem nossa vida; não tema a oposição dos que a discutem e atacam, rejeitam e negam; mas que ela se reforce na prova íntima da vossa verdade, afaste-se dos preconceitos e das críticas, e cresça pelo nosso testemunho diário.

Senhor, que a nossa fé seja *alegre*, dando paz e alegria ao nosso espírito. Assim amaremos a oração e a vida comunitária, que serão ungidas e perfumadas por ela.

Senhor, fazei que nossa fé seja *operosa*, isto é, que trabalhe sem descanso e se manifeste em muitos e lindos frutos de caridade; faça-nos ela crescer na amizade convosco, vos busque, testemunhe e em vós espere, mesmo nos sofrimentos, até que chegue a hora da revelação final.

Senhor, que nossa fé seja *humilde*, e não queira ser o resultado dos nossos estudos e pensamentos, mas fruto do Espírito Santo, e busque sua garantia na obediência aos ensinamentos da Igreja, nossa Mãe e Mestra. Amém.

Paulo VI

ORAÇÃO DO CAMINHONEIRO

Ao iniciar a viagem:

Meu Deus, iniciando esta viagem, ofereço meu trabalho para glória do vosso nome. Eu vos amo e confio em vós.

Nossa Senhora Aparecida, peço a vossa bênção para esta viagem. Livrai-me dos perigos e tentações da estrada.

São Cristóvão, que carregastes o Menino Jesus, através da correnteza do rio, dai-me firmeza e segurança no volante de meu caminhão, para uma boa e feliz viagem. Amém.

Depois da parada:

Cristo, quero seguir vossos passos no caminho do evangelho. Nossa Senhora Aparecida, continuai abençoando esta minha viagem. E vós, São Cristóvão, olhai por mim.

Ao terminar a viagem:

Senhor, meu Deus, eu vos agradeço esta viagem que fiz e o trabalho que pude realizar. Concedei-me saúde para continuar trabalhando. Fazei que eu possa levar, para meu lar, o pão de cada dia, a alegria e a paz. Amém.

ORAÇÃO PELAS VOCAÇÕES I

Senhor Jesus Cristo,
foi com muito amor
e depois de muita oração
que escolhestes e chamastes os apóstolos
para continuar vossa Igreja.

Também eu,
com muito amor e com muita insistência,
vos faço esta oração:

Chamai muitos jovens,
rapazes e moças,
para o serviço na vossa Igreja.
Distribuí com generosidade entre a juventude
a graça da vocação matrimonial, sacerdotal,
religiosa e missionária.

Mostrai-me também
qual o caminho de vida que devo seguir
e que ministério posso assumir,
para melhor servir ao povo de Deus.

Senhora Aparecida,
eu admiro vossa disponibilidade
para com Deus.
Quero imitar-vos. Ajudai-me. Amém.

ORAÇÃO PELAS VOCAÇÕES II

Jesus mestre divino, que chamastes os apóstolos a vos seguirem, continuai a passar pelos nossos caminhos, pelas nossas famílias, pelas nossas escolas e continuai a repetir o convite a muitos de nossos jovens. Dai coragem às pessoas convidadas. Dai força para que vos sejam fiéis como apóstolos leigos, como sacerdotes, como religiosos e religiosas, para o bem do Povo de Deus e de toda a humanidade. Amém.

Paulo VI

ORAÇÃO MISSIONÁRIA

Deus, Pai de bondade,
renovai, pela força do Espírito Santo,
nossa fé, esperança e caridade.

Despertai, em todos os cristãos,
o desejo de conhecer sempre mais
vosso Filho Jesus e a disponibilidade de segui-lo,
fazendo discípulos que vivam
como irmãos e irmãs em comunidades.

Suscitai vocações missionárias
e tornai fortes na fé
os que anunciam o Evangelho,
dando-lhes coragem
para irem às pessoas, grupos e ambientes,

onde vosso nome não é conhecido
ou está esquecido.

Dai-nos forças, também, ó Pai,
para buscar a unidade
que Jesus desejou ardentemente.

Maria, Mãe de Deus e nossa,
fortalecei, em todas as pessoas,
a esperança e o compromisso de construir
um mundo de justiça e de paz para todos.

Pontifícias Obras Missionárias

BÊNÇÃO DOS ROMEIROS

— O Senhor esteja convosco!
— Ele está no meio de nós!
OREMOS: Deus, nossa salvação, torne prósperos os vossos caminhos e vos guie por estradas tranquilas através das asperezas dos montes, da profundidade dos vales, da planície dos campos, da travessia dos rios e da escuridão misteriosa das florestas.

A ajuda do Senhor vos proteja contra os obstáculos do inimigo.

A sombra do Senhor Salvador vos cubra durante o dia, a graça do Senhor ilumine e acalente a vossa noite.

A destra do Senhor seja vossa ajuda e o Anjo da paz divina preceda os vossos passos.

Estejam longe de vós a inveja do demônio, a ostentação da riqueza, a ruína do pecado, o incômodo da viagem, os perigos da estrada.

A salvação de Deus Uno e Trino seja o vosso auxílio e vos garanta a chegada e a volta. Amém.

Oração de um ritual da Idade Média

ORAÇÃO DO LEIGO

Senhor Jesus Cristo,
tu, que caminhaste no chão deste mundo,
testemunhando o projeto de Deus
para a humanidade,
ensinando homens e mulheres a viverem a radicalidade
dos valores do reino de Deus,
chamando todos para a decisão
do seguimento
e para assumir as exigências da missão.

Faze com que nós, cristãos leigos e leigas,
respondamos com a vida ao teu chamado,
assumindo nossa vocação e missão
na nossa vida pessoal, na família, na comunidade,
no trabalho, na ação política e na sociedade.

Que hoje se revigorem em nós as motivações
e a graça do sacramento do batismo
e da crisma,
doados pelo amor da trindade santa,

tornando-nos "protagonistas
da evangelização",
testemunhando presença na construção
de uma sociedade justa e solidária.

Que nossa disposição de conversão
nos leve a amar os excluídos
e a superar a exclusão
— particularmente a exclusão
dos empobrecidos,
dos menores abandonados, dos doentes,
da mulher, do negro,
dos povos indígenas, dos alcoólatras,
dos aidéticos,
dos encarcerados, dos drogados,
dos idosos e dos moradores de rua —
para assumir com responsabilidade
e discernimento
a exigência de novos ministérios,
respondendo criativamente aos desafios
de nosso tempo. Amém.

ORAÇÃO DOS NAMORADOS

Senhor, tu que conheces profundamente os corações dos homens, sabes com que sinceridade nós nos aproximamos e procuramos nos conhecer, a fim de que se for de sua vontade possamos um dia ver coroado pelo matrimônio cristão, nosso amor que agora desponta.

Que tua graça nos ajude nesta difícil jornada, para que jamais faltemos ao mútuo respeito e fidelidade.

Que o egoísmo não vicie nossas intenções, nem nos feche para os outros, mas pelo contrário, nos leve a uma caridade mais perfeita para com eles, nossos irmãos, como tu mesmo nos ensinaste.

E se não for de tua vontade que juntos caminhemos pela vida ao teu encontro, então, que sem ressentimentos, mas enriquecidos pela amizade mais sincera, cada qual siga o seu caminho, com tua graça, em busca de sua maior perfeição e maturidade humana na plenitude do amor cristão. Assim seja.

Pe. Glauco, SJ

ORAÇÃO DOS NOIVOS

Senhora, tu que és amor, pureza e perseverança, tu que és fortaleza, consolo e abrigo e, sobretudo, tu que és Mãe carinhosa, abriga-nos em teu manto, contra todo egoísmo e contra todas as adversidades, dando-nos pureza, perseverança e principalmente amor, até o dia, em que pela graça e em presença de teu Filho, nós nos unamos em um só corpo, um só pensamento e uma só alma.

E depois desse dia, Senhora e Mãe, fortalece a nossa união, multiplica o nosso amor, consola-nos nos infortúnios e abriga-nos nas horas difíceis, para que unidos, com tua ajuda e nossa fé, possamos amar, servir e honrar ao Divino Pai, em nossos irmãos. Amém.

José Roberto

ORAÇÃO DO TÉCNICO

Vós todos, satélites naturais e artificiais,
pássaros ardentes do cosmos,
louvai ao Senhor.

Vós, astrônomos do Senhor,
que sentis as pulsações do grande coração
do universo,
ouvi o Senhor.

Vós, físicos do Senhor,
que violentais o seio da matéria, filha
do Senhor,
bendizei ao Senhor.

Vós bioquímicos do Senhor,
que recriais a matéria, filha do Senhor,
esperai o Senhor.

Vós, matemáticos do Senhor,
que usurpastes o supremo instrumento
de dominação,
curvai-vos diante do Senhor.

Vós, arqueólogos do Senhor,
que escavais as profundezas da terra,
descobri o Senhor.

Vós, psicanalistas do Senhor,
que escavais as profundezas do homem,
descobri o Senhor.

Vós, computadores eletrônicos,
à velocidade da luz,
cantai o Senhor.

Vós, planejadores do Senhor,
que podeis distribuir a todos os bens
do Senhor,
não deixeis morrer o Senhor.

Vós todos, cientistas e técnicos do Senhor,
que, como o Senhor,
sabeis criar do nada,
bendizei ao Senhor,
louvai-o e exaltai-o para sempre.
Amém.

Rose Marie Muraro

ORAÇÃO DO ADVOGADO

Senhor, que eu te encontre no escritório ao sair de casa; que eu te encontre no foro, ao sair do escritório; que eu te encontre em casa, quando regressar. Estás no meu caminho. Vigia-me.

Dá-me cliente e compreensão para seus problemas; palavras para conciliar e confortar.

Ensina-me a ler na alma do cliente para distinguir o mau do bom. Que eu nunca esteja ao lado do mau contra o bom.

Afasta de mim as causas injustas. Dá que eu as reconheça antes de as ajuizar.

Que eu nunca insulte, nem lisonjeie os julgadores das causas que eu patrocinar.

Ensina-me a arte amável de saber perder.

Faz-me sempre ver nos julgamentos o fruto da convicção dos julgadores.

Que eu não minta. Que meu cliente não minta. Que as testemunhas do meu cliente não mintam perante o Juiz.

Faz-me respeitado pela minha vida em público e em particular.

Dá-me a riqueza do espírito. Esta me bastará.

Ensina-me a pôr o mesmo generoso esforço na causa paga e na gratuita.

Ajuda-me a ser advogado, só advogado, sempre advogado. Amém.

Abençoa a todos os advogados.

ORAÇÃO DO AVIADOR

Senhor dos Céus e da Terra, que meus lábios se abram para te entoar o meu canto de amor, para o meu pedido de bênção, para o meu engrandecimento e para que a vida me seja segundo a tua dadivosa vontade.

Quando eu voar e estiver "entre nuvens e estrelas", sinta-te bem perto de mim.

Quando eu voar, sinta a sincronia do Universo e que também os meus pensamentos voem para ti, que és a minha fortaleza.

Nos meus dias de desânimo, quando estiver em perigo de soçobrar, tenha em minha retina a imagem do teu ser divino sobre o mar da Galileia librando sobre as ondas e, então, pedirei a tua mão para ajudar-me a caminhar nas ondas agitadas dos meus dias tristes e cansados.

Que a tua paixão me conforte, que teus ouvidos estejam atentos à minha voz, que nunca me sinta só, mesmo perdido na imensidão do espaço aéreo.

Porque tu estarás sempre ao meu lado. Amém.

ORAÇÃO DO ESTUDANTE

Senhor, eu sou estudante, e por sinal, inteligente. Prova isto o fato de eu estar aqui, conversando com você.

Obrigado pelo dom da inteligência e pela possibilidade de estudar. Mas, como você sabe, Cristo, a vida de estudante nem sempre é fácil.

A rotina cansa e aprender exige uma série de renúncias: o meu cinema, o meu jogo preferido, os meus passeios e também alguns dos meus programas de TV.

Eu sei que preparo hoje o meu amanhã.

Por isso, eu lhe peço, Senhor, ajude-me a ser um bom estudante.

Dê-me coragem e entusiasmo cada dia para recomeçar.

Abençoe a mim, a minha turma e os meus professores. Amém.

C. Landi

ORAÇÃO DA ALEGRIA

Senhor!

Na calma deste momento, furtando-me do torvelinho da vida, eu me recolho em ti.

Olha, Senhor! Olha minha audácia: na singeleza da minha oração eu te dou minha alegria.

Como é bom ser alegre. Obrigado, Senhor. Foi teu dom. Como é agradável ter a alma em paz. Ela é tua também. Como é maravilhoso ter a alma branda... razão de ser de toda alegria!

Senhor! nos dias ensolarados e nas noites entreabertas, um sorriso sincero indique a alegria sempre em mim.

Saiba eu sorrir a ti, no meu irmão que passa preocupado, desanimado e oprimido... Sorria eu a ti, no meu próximo que em mim te procura... Sorria eu a ti, na criancinha inocente que de mim espera algo de ti, o Papai do Céu... Sorria eu a ti no próximo, e a ti em mim mesmo, para sempre fazer e ser feliz!...

Sorria eu, Senhor, para aprender com teu salmista, a servir o Senhor na alegria!

Sorria eu, ainda que não saiba sorrir, pois é verdade: mais triste que um sorriso triste é a tristeza de não saber sorrir.

Pe. Bruzzi

ORAÇÃO EM TEMPO DE INJUSTIÇA

Permite-me, Senhor, uma oração pelo meu povo, o mundo dos sem-voz.

São milhares e milhares de criaturas humanas, nos países pobres e nas zonas pobres dos países ricos, sem direito de levantar a voz, sem possibilidade de reclamar, de protestar, embora sejam justos os direitos que querem defender: os sem-casa, os abandonados, os desempregados, aqueles que não têm futuro.

Os desesperados da humanidade correm o risco de perder a voz.

Se nós, que acreditamos em ti, tivéssemos ajudado os nossos irmãos ricos, os privilegiados, abrindo-lhes os olhos e despertando-lhes a consciência, as injustiças não teriam avançado tanto, a distância entre ricos e pobres não seria tão gritante...

Pai, manda teu Espírito, porque só ele pode renovar a face da terra!

Só ele pode cancelar os egoísmos, condição indispensável para que sejam superadas as estruturas injustas, que retêm milhares de seres humanos na escravidão.

Só teu Espírito poderá ajudar-nos a construir um mundo mais humano e mais cristão.

Dom Hélder Câmara

ORAÇÃO DA PAZ INTERIOR

De hora em hora, minha vida melhora...
Dia a dia estou melhorando...
Sou hoje melhor que ontem,
Amanhã, serei melhor que hoje,
acredito em mim.
Procuro viver com entusiasmo e confiança,
busco sempre um futuro melhor
e mais risonho...
Meu corpo se renova com meus pensamentos
de harmonia, amor e sucesso.
Colho no presente o que plantei no passado,
no futuro colherei o que planto no presente...
Sou responsável por meus atos,
vejo-me alegre, jovial e humano.
Adoro a vida, o mundo, o amanhecer...
Cumpro meus deveres com prazer e alegria,
ganho honestamente meu pão de cada dia...
Mantenho em minhas atitudes
a serenidade devida,
Sinto-me feliz...
acredito que nasci para amar e servir,
faço o bem sem olhar a quem...
Respeito meu semelhante
como a mim mesmo...
Amo Deus acima de todas as coisas.

SÓ CRISTO PODE...

— Só Cristo é o caminho,
mas você pode indicá-lo aos outros.
— Só Cristo é a luz,
mas você pode fazê-la brilhar aos olhos
de seu irmão.
— Só Cristo é a vida,
mas você pode restituir aos outros
o desejo de viver.
— Só Cristo pode dar a fé,
mas você pode dar seu testemunho.
— Só Cristo pode infundir a esperança,
mas você pode restituir a confiança ao irmão.
— Só Cristo pode dar o amor,
mas você pode ensinar seu irmão a amar.
— Só Cristo pode dar a saúde,
mas você pode orientar e guiar.
— Só Cristo pode dar a paz,
mas você pode semear a união.
— Só Cristo pode dar a força,
mas você pode apoiar quem desanimou.
— Só Cristo pode fazer o impossível,
mas você sempre poderá fazer o possível.
— Só Cristo se basta a si mesmo,
mas ele preferiu contar com você!

PRECE PELO BRASIL

Senhor, sacia a fome de quem não tem pão, mata a sede de quem sofre injustiça. Ensina-nos a acolher a criança de rua, o desempregado, o migrante sem lar e o aflito. Inquieta o acomodado. Abranda a ira do revoltoso. Converte o pecador. Sejas tu a ponte entre o rico e o pobre, a direita e a esquerda, para que nosso país se torne terra de pessoas livres, respeitadas e que respeitam os outros, na família e no trabalho, e na construção de uma nova ordem social.

Nós te pedimos, Senhor, pelos que nos governam. Ilumina-nos para que possamos escolher homens e mulheres honestos, competentes, dedicados ao bem comum.

A bênção de Deus nos ajude a assumir o compromisso de um Brasil diferente, justo e solidário. Conservemos unidas nossas mãos. Mãos em prece. Mãos de todos os brasileiros, representados na praça dos Três Poderes.

Colocamos, Senhor, em tuas mãos o Brasil que a gente quer.

Dom Luciano Mendes de Almeida

ORAÇÃO DO MOTORISTA

Dai-me, Senhor, firmeza e vigilância ao volante, para que eu chegue ao destino sem acidentes. Protegei a todos os que viajam comigo. Ajudai-me a respeitar o trânsito e as suas leis e a dirigir com prudência. E que eu descubra a vossa presença em todas as pessoas e em toda a natureza que me rodeia. Amém.

ORAÇÃO DE CRIANÇA I

Meu Pai,
como o Senhor é grande,
muito maior do que a terra,
muito maior do que os céus.
Posso imaginar sua grandeza
quando fico olhando a lua
e as estrelas que brilham no céu.
São lindas e foram criadas
pelo poder das suas mãos.

Posso imaginar sua grandeza
vendo os homens e as mulheres.
Eles sabem tantas coisas,
eles fazem, eles criam, eles inventam.
Eles sabem até amar.
E tudo isso
foi com o Senhor
que aprenderam.
Senhor meu Deus,
como o Senhor é grande e como é bom!

Pe. Flávio Cavalca de Castro, C.Ss.R.

ORAÇÃO DE CRIANÇA II

Abençoai o leite e o pão e este macio colchão em que vou ficar deitada descansando, sossegada.

E fazei com que eu não tenha medo da noite que passa, e durma até que o sol venha bater na minha vidraça.

Abençoai meus brinquedos que para mim não têm segredos; meus sapatos que aonde eu quero me levam; minha cadeira; e a lâmpada, e o fogo ardente; e essa mão boa e paciente que cuida tão bem de mim; e os meus amigos; e, enfim, minha mamãe, meu papai, sempre unidos.

Abençoai pelo mundo diferente os filhos de toda gente.

E fazei que eu também durma e acorde em paz. Amém!

Versão de Guilherme de Almeida

ORAÇÃO DO ANIMADOR DE COMUNIDADES

Espírito Santo, animaste a comunidade dos primeiros apóstolos (1). Continuas entre nós até hoje (2). Renovas teu povo através do batismo e da crisma. De todos fazes um templo (3).

Ilumina, encoraja e defende os que vivem conosco em comum união (4). Conforta os doentes, os fracos e os tristes (5), arranja trabalho para quem o procura; chama mais gente para repartir a Palavra e o Pão (6); converte os que oprimem o teu povo (7).

Aos jovens, dá sentimentos iguais aos de Cristo Jesus (8); defende os pequenos dos maus (9); aos pais inspira atitudes de amor (10); a mim próprio liberta da pretensão de querer ser mais que os outros (11); dá-me humildade para entender com respeito os irmãos (12), especialmente o vigário e o bispo (13).

Por ti animados, seguiremos Jesus, o Caminho e, por ele (14), chegaremos ao Pai. Amém.

Esta oração, aprovada por Dom Quirino A. Schmitz, se inspira no NT: (1) At 2,1-47; (2) Jo 14,17; (3) 1Cor 6,19 e At 8,14-17; (4) Mt 10,20; (5) At 5,15-16; (6) Mt 9,38; (7) At 9,1-19; (8) Fl 2,5; (9) Mt 18,6; (10) Ef 5,21-33—6,1-4; (11) Mc 10,35-45; (12) Rm 12,1-10; (13) Hb 13,17-18; (14) Jo 14,6-9.

ORAÇÃO PELO FELIZ ÊXITO DE UMA OPERAÇÃO

Senhor Deus, sei que em nossos dias a ciência médica, a competência e a dedicação dos nossos cirurgiões podem conseguir maravilhas.

Agradeço-te por todo o bem que fazes, por intermédio deles, a toda a humanidade, à qual eles devem servir.

Tu, porém, permaneces o único Senhor sobre a vida e a morte, e sem a tua vontade e bênção todas as tentativas dos médicos serão em vão.

Ilumina, pois, o seu espírito, assim te peço, e guia suas mãos, para que eu possa ser feliz na minha operação.

Guia também, com toda a segurança, a minha vida tão frágil, através das horas críticas dos dias de convalescença, para que eu possa, completamente recuperado, servir-te com profunda gratidão.

Senhor Deus, sou teu na vida e na morte. Seja feita a tua vontade. Amém.

Adriano Backx

ORAÇÃO PARA OBTER SAÚDE

Espírito Santo,
criador e renovador de todas as coisas,
sois a vida de minha vida.
Eu vos adoro, vos agradeço e vos amo!
Vós que conservais a vida
de todo universo,
concedei-nos o dom da saúde;
livrai-nos de todos os males
do corpo e do espírito.
Que eu me disponha
a gastar as minhas energias
no serviço aos irmãos.
Ó Espírito de Vida,
concedei a sabedoria para os médicos
e todos os que se dedicam aos doentes,
a fim de que conheçam
a causa das enfermidades
que ameaçam a vida.
Iluminai os cientistas,
para que possam descobrir
os remédios necessários
e, assim, conceder o dom da saúde
a todos os doentes. Amém.

Pe. Tiago Alberione

ORAÇÃO PELOS DOENTES

Ó Jesus,
manso e humilde de coração,
nós te louvamos e agradecemos
porque, sem cessar, fazes maravilhas
em favor do teu povo sofrido.

Tu, que és a medicina para todos os males,
alivia os sofrimentos e cura as feridas
de quantos padecem da alma e do corpo.

Ó Senhor, fonte de amor e compaixão,
consola os aflitos e alimenta a esperança
dos que perderam a alegria de viver.

Tu, que és o autor da vida,
ensina-nos a valorizar e promover a saúde
e concede-nos o dom de visitar e animar
os que vivem no abandono e na solidão.

E a nós, que em ti confiamos,
ajuda-nos a transformar
a situação de miséria e dor
de tantos irmãos e irmãs que sofrem. Amém.

Pe. Miguel Duarte

ORAÇÃO NA DOENÇA

Socorre-me, Senhor, socorre-me
nesta miséria,
a morte bate à minha porta.
Acode-me, Senhor,
tu que venceste a morte.

Se for tua vontade, arranca a flecha
que me fere,
ajuda-me e cura-me,
mas se me chamas à morte prematura,
sou teu cântaro: conserta-o ou quebra-o.

Se tiras o espírito desta terra, tu o fazes
para que não seja pior,
para que não me afaste do meu dever,
da piedade e da esperança.

Consola-me, Senhor, consola-me;
acentua-se a doença,
minha alma e meu corpo dobram-se na dor.
Desejo a tua graça, volta para mim,
pois fora de ti não há ajuda.

Esvai-se a minha vida; logo se extinguirá.
Minha boca cala-se, não pode mais balbuciar
uma palavra.
A força foi-se embora, todos os sentidos
se esgotaram.

Por isso, Senhor, é tempo agora.
Toma a dianteira da minha luta.
Eu sou muito fraco; dá-me força.
Agarro-me a ti por maior que seja a força
do inimigo.

Restabelecido, Senhor, estou restabelecido.
O meu coração e a minha boca louvam-te,
volto de novo para a vida.
Quero cantar o teu louvor e anunciar
a tua doutrina, sempre mais.

Seja como for, meu coração é teu,
até que me atinja a dor da morte.
Um dia, porém, deverei submeter-me a ela,
talvez com dores maiores do que as passadas.

Suporto, porém, com paciência,
o escárnio e o ataque insistente do inimigo,
confiado em tua proteção.
Tu estimulas a minha força, teu é o poder;
sem ti, nada pode ser feito.

Huldrych Zwingli (1484-1531)

ORAÇÃO PELA CURA DE UMA CRIANÇA DOENTE

Senhor Jesus,
tu convidaste as crianças
para vir a ti,
para poder pôr tuas mãos sobre elas
e para abençoá-las.
Nós te suplicamos
que estendas agora tuas mãos
sobre esta criança
para aliviar sua dor,
para livrá-la de todos os seus males.
Que tua misericórdia
lhe devolva a saúde
de corpo e alma,
a fim de que, com coração agradecido,
possa sempre te amar e servir no seu próximo.
Isto te pedimos a ti,
que és o Amor. Amém.

Adriano Backx

PARA DIMINUIR AS PREOCUPAÇÕES

Cristo, tu disseste aos que amavas:
"Eu estou contigo, não fiques triste".
Que eu, Senhor, em meio das provações
e cruzes da vida
tenha sempre confiança em ti.
Tu serás meu constante companheiro.

Quando não puder mais aguentar,
tu me levarás carinhosamente nos teus braços.
Que eu não tema aquilo que possa
suceder-me amanhã.
Sei que teu Pai cuida de mim hoje...
e fará o mesmo amanhã.
Tu, ó Cristo, me libertarás do meu sofrimento
e me darás força
para suportá-lo com toda a paciência.
Que isto me tranquilize
e afaste os pensamentos irreais,
as tristezas imaginárias,
as preocupações inúteis.
De novo escuto tua voz:
"Eu estou contigo, não fiques triste".
Obrigado, Senhor. Amém.

Adriano Backx

ORAÇÃO PELOS CANCEROSOS

Senhor Jesus! Tu que curaste os doentes e ressuscitaste os mortos, vê como o flagelo do câncer vai dizimando grande parte da humanidade, que é também tua e pela qual deste a vida. São milhares de irmãos que, cada dia, veem encerrado o curso de sua vida na terrível e misteriosa decomposição do câncer.

Entretanto, Senhor, fizeste, um dia, a recomposição das carnes mortas de Lázaro, teu amigo, que mandaste retornar à vida. És misericordioso e tens pena também da indigência física de teus irmãos.

Cura, Senhor, com o teu poder, os que são vítimas irreparáveis do câncer. Se é de tua vontade que não vivam, dá-lhes morte tranqüila em tuas mãos divinas.

Desperta com tempo os que são atingidos pelo câncer, para que, pelo diagnóstico precoce, facilitem a eficácia da cura.

Ilumina com tuas luzes os cancerólogos. Impele e conduze os cientistas à descoberta das origens do mal, para que forneçam os meios de debelá-lo do meio dos homens.

Dá aos que cuidam dos cancerosos amor e carinho com que há de tratá-los.

Médico Divino, cura teus irmãos cancerosos! Amém!

Dom Geraldo Penido

AÇÃO DE GRAÇAS I

Deus todo-poderoso e cheio de misericórdia, criastes o homem de modo admirável e mais admiravelmente o restaurastes. Não o abandonais em seu pecado, mas com amor paterno o acompanhais. Enviastes ao mundo vosso Filho para que, destruindo com sua paixão o pecado e a morte, nos devolvesse com sua ressurreição a vida e a alegria. Derramastes em nossos corações o Espírito Santo, para que nos tornássemos vossos filhos e herdeiros. Continuamente nos renovais com os sacramentos da salvação, para nos livrar da escravidão do pecado e nos transformar cada dia em imagem mais perfeita de vosso Filho amado. Nós vos damos graças pelas maravilhas de vossa misericórdia. Com toda a Igreja vos louvamos, cantando em vossa honra um cântico novo, com a voz, o coração e a vida. A vós a glória, agora e para sempre, por Jesus Cristo no Espírito Santo. Amém.

AÇÃO DE GRAÇAS II

Dia de Ação de Graças
Todos os dias...
Obrigado, Senhor!
Obrigado, Senhor, pela vida
pela saúde, pelo ar
pela luz, pelo verde
pelo horizonte, pelo azul
pelas flores, pelos amores
pelo alimento, pelas águas
pelas oportunidades
pelos caminhos, pelos valores
pelos sabores...
Por existir
Por amar e ser amado.
Ser chama viva
que sente
que pensa
se consome
ilumina
reparte
cresce
esmaece
resiste
palpita
suspira
por ser assim
como sou
diferente
eu.
Obrigado, Senhor!

Gentil Vian

SEDE DE DEUS

Transpassai, Senhor Jesus, a minha alma, com a suave chaga do vosso amor, para que ela se entregue toda ao amor e desejo vosso. Que eu vos procure em vossos altares, e deseje morrer para estar convosco.

Fazei que minh'alma tenha fome de vós, pão dos anjos, refeição das almas santas, pão nosso de cada dia, infinito, substancioso e rico de suave sabor!

Vós, que os anjos anseiam contemplar, sede sempre o alimento do meu coração. Que a doçura do vosso sabor satisfaça os desejos de minha alma.

Que eu tenha sempre sede de vós,
ó fonte da vida,
fonte da Sabedoria e Ciência,
fonte da Luz eterna,
fonte da felicidade e da riqueza
da casa de Deus!
Que eu vos deseje, procure e encontre,
e tudo faça para louvor e glória
do vosso nome!
Senhor, sede sempre a minha esperança,
minha riqueza e alegria,
meu prazer e descanso,
minha paz e suavidade,
minha doçura e alimento,
minha refeição e meu refúgio,
minha herança e meu tesouro,
onde eu me apoie com todas as forças
da minha inteligência e do meu coração.
Amém.

São Boaventura

LOUVOR A CRISTO

(Paixão)
Nós vos glorificamos, Senhor Jesus!
Vós vos abaixastes, para nos elevar.
Vós vos humilhastes, para nos exaltar.
Vós vos fizestes pobre, para nos enriquecer.
Vós jejuastes para matar nossa fome.
Fostes preso e nos libertastes.
Passastes por criminoso e nos destes
a inocência.
Guardastes silêncio para perdoar
nossas más palavras.
Sofrestes bofetadas e só nos destes carinho.
Fostes despojado das vossas vestes
e nos revestistes da graça.
Fostes amarrado a uma coluna
e nos desatastes do pecado.
Fostes flagelado e curastes nossas chagas.
Fostes coroado de espinhos
para que fossem os reis.
Fostes crucificado e nós fomos salvos.
A vós fel e vinagre, a nós o vosso amor.
A vós a morte, a nós a vida.
Mas ressuscitastes para repartir conosco
a vossa glória.
Subindo ao céu, para o alto nos atraís.
Enviastes o Espírito Santo à Igreja
para que sejamos santos. Amém.

Liturgia maronita

BENDITO SEJAS, SENHOR

Bendito sejas, Senhor,
porque me criaste,
pela fé que depositaste em mim,
por eu ser
o Templo da Ssma. Trindade.
Bendito sejas, Senhor,
por tudo o que me rodeia:
pela luz que me faz ver,
pelas harmonias
que me envolvem;
pelos sentimentos
que fazem vibrar meu coração.
Bendito sejas, Senhor,
pela trama que tece minha vida:
há alegrias e esperanças;
há o cansaço e o desânimo;
há a confiança e a hesitação;
há o bem a fazer
e a dor a consolar.
E há as cruzes, sem conta.
Bendito sejas, Senhor,
por causa delas, pois onde estão,
estás também.
Bendito sejas, Senhor,
por seres o Criador,
e eu ser a tua criatura.

M. Cecília M. Duprat

CÂNTICO DAS CRIATURAS

Altíssimo,
Onipotente,
Bom Senhor!
Teus são o louvor,
a glória,
a honra
e toda a bênção.

Louvado sejas,
meu Senhor,
com todas as tuas criaturas,
especialmente o senhor irmão sol,
que clareia o dia
e que com sua luz
nos ilumina.
Ele é belo e radiante,
com grande esplendor,
de ti, altíssimo,
é a imagem.

Louvado sejas,
meu Senhor,
pela irmã lua
e pelas estrelas,
que no céu formaste,
claras,
preciosas
e belas.

Louvado sejas,
meu Senhor,
pelo irmão vento,
pelo ar e pelas nuvens,
pelo sereno
e todo tempo
com que dás sustento
às tuas criaturas.

Louvado sejas,
meu Senhor,
pela irmã água,
útil e humilde,
preciosa e casta.

Louvado sejas,
meu Senhor,
pelo irmão fogo,
pelo qual iluminas a noite.
Ele é belo e alegre,
vigoroso e forte.

Louvado sejas,
meu Senhor,
por nossa irmã, a mãe terra,
que nos sustenta e governa,
produz frutos diversos,
flores e ervas.

Louvado sejas,
meu Senhor,
pelos que perdoam,
pelo teu amor,
e suportam as enfermidades
e as tribulações.

Louvado sejas,
meu Senhor,
por nossa irmã,
a morte corporal,
de quem homem algum
pode escapar.

Louvai todos e bendizei
ao meu Senhor,
dai-lhe graças e servi-o
com grande humildade.

São Francisco de Assis (1181-1226)

DEUS DE BENEVOLÊNCIA

Eu te invoco, Deus, por quem vencemos o inimigo. Deus, de quem recebemos o fato de não perecermos totalmente. Deus, por quem somos admoestados a estar atentos. Deus, por quem discernimos as coisas boas das más. Deus, por quem evitamos as coisas más e seguimos as boas. Deus, por quem não caímos diante das adversidades. Deus, por quem prestamos bom serviço e nos portamos bem. Deus, por quem aprendemos que é de outros o que às vezes julgávamos ser nosso e que nos pertence o que às vezes julgávamos ser de outros. Deus, por quem não aquiescemos às artimanhas e seduções dos maus. Deus, por quem as pequeninas coisas não nos diminuem. Deus, por quem o que há de melhor em nós não está sujeito ao que há de pior. Deus, por quem a morte é absorvida na vitória. Deus, que nos convertes. Deus, que nos despes daquilo que não é e nos revestes daquilo que é. Deus, que nos fazes dignos de ser ouvidos. Deus, que nos fortificas. Deus, que nos atrais para toda verdade. Deus, que nos falas tudo o que é bom, não nos fazes de tolos nem permites que quem quer que seja nos faça de tolos. Deus, que nos chamas para o caminho. Deus, que nos levas à porta. Deus, que fazes com que a porta seja aberta aos que batem. Deus, que nos dás o pão da vida. Deus, por quem temos sede de uma bebida que, uma vez tomada, faz que nunca mais tenhamos sede. Deus, que acusas o mundo do pecado, justiça e juízo. Deus, por quem não nos induzem aqueles que não creem. Deus, por quem censuramos o erro dos que julgam que não há méritos das almas junto a ti. Deus, por quem não servimos aos elementos covardes e miseráveis. Deus, que nos purificas e nos preparas para os prêmios divinos, achega-te a mim com benevolência.

Santo Agostinho († 430) — Solilóquios

RENOVAÇÃO DAS PROMESSAS DO BATISMO

Pelo mistério pascal fomos no batismo sepultados com Cristo para vivermos com ele uma vida nova. Renovemos as promessas do nosso batismo, pelas quais já renunciamos a Satanás e suas obras, e prometemos servir a Deus na Santa Igreja Católica. Portanto:

— Para viver como irmãos, vocês renunciam a tudo o que causa desunião?
— Renuncio.
— Para seguir Jesus Cristo, vocês renunciam ao demônio, autor e princípio do pecado?
— Renuncio.

— Vocês creem em Deus Pai todo-poderoso, criador do céu e da terra?
— Creio.

— Vocês creem em Jesus Cristo, seu único Filho, nosso Senhor, que nasceu da Virgem Maria, padeceu e foi sepultado, ressuscitou dos mortos e subiu ao céu?

— **Creio.**

— Vocês creem no Espírito Santo, na Santa Igreja Católica, na comunhão dos santos, na remissão dos pecados, na ressurreição dos mortos e na vida eterna?

— **Creio.**

— Esta é a nossa fé, que da Igreja recebemos e sinceramente professamos, razão de nossa alegria em Cristo, nosso Senhor.

— **Demos graças a Deus!**

CONSAGRAÇÃO A JESUS CRISTO, A SABEDORIA ENCARNADA, PELAS MÃOS DE MARIA

Ó Sabedoria eterna e encarnada, ó amabilíssimo e adorável Jesus, verdadeiro Deus e verdadeiro homem, Filho único do eterno Pai e de Maria sempre Virgem. Eu vos adoro profundamente, no seio e nos esplendores de vosso Pai durante toda a eternidade, e no seio virginal de Maria, vossa digníssima Mãe, no tempo da vossa encarnação.

Dou-vos graças por vos terdes aniquilado a vós mesmo, tomando a forma de um escravo para me livrar da cruel escravidão do demônio. Eu vos louvo e glorifico por vos terdes querido submeter em tudo a Maria, vossa santa Mãe, a fim de me tornar, por Ela, vosso(a) fiel escravo(a).

Mas infelizmente, ingrato(a) e infiel como sou, não guardei as promessas e votos que tão solenemente vos fiz no meu batismo. Não cumpri as minhas obrigações. Não mereço ser chamado(a) vosso(a) filho(a), nem vosso(a) escravo(a). E, como nada há em mim que não mereça a vossa repulsa e a vossa cólera, não ouso aproximar-me por mim mesmo(a) da vossa santíssima e augustíssima Majestade.

Recorro, pois, à intercessão e à misericórdia de vossa santa Mãe, que me destes por medianeira junto de vós. É por intermédio dela que espero obter de vós a contrição e conservação da Sabedoria.

Eu vos saúdo, pois, ó Maria Imaculada, tabernáculo vivo da Divindade, onde a eterna Sabedoria escondida quer ser adorada pelos anjos e pelos homens.

Eu vos saúdo, ó Rainha do céu e da terra, a cujo império está sujeito tudo o que existe abaixo de Deus.

Eu vos saúdo, ó Refúgio seguro dos pecadores, cuja misericórdia a ninguém jamais faltou. Atendei aos desejos que tenho da divina Sabedoria e recebei, para isso, os votos e ofertas que a minha baixeza vos apresenta.

Eu, (nome), pecador(a) infiel, renovo e ratifico hoje nas vossas mãos as promessas do meu batismo: renuncio para sempre a Satanás,

às suas pompas e suas obras, e dou-me inteiramente a Jesus Cristo, a Sabedoria encarnada, para o seguir, levando a minha cruz todos os dias da minha vida.

E para lhe ser mais fiel do que fui no passado escolho-vos hoje, ó Maria, na presença de toda a corte celeste, por minha Mãe e Senhora. Entrego-vos e consagro-vos, na qualidade de escravo(a), o meu corpo e a minha alma, os meus bens interiores e exteriores e o próprio valor das minhas boas obras, passadas, presentes e futuras, deixando-vos pleno e inteiro direito de dispor de mim e de tudo o que me pertence sem exceção alguma segundo o vosso agrado e para maior glória de Deus, no tempo e na eternidade.

Recebei, ó Virgem benigna, esta pequena oferta da minha escravidão, em união e em honra à submissão que a Sabedoria eterna quis ter à vossa maternidade; em homenagem ao poder que ambos tendes sobre este verme e miserável pecador(a); em ação de graças pelos privilégios com que a Santíssima Trindade vos favoreceu.

Declaro que, de hoje em diante, desejo como vosso(a) verdadeiro(a) escravo(a) buscar a vossa honra, e obedecer-vos em tudo.

Ó Mãe admirável, apresentai-me ao vosso querido Filho, na qualidade de escravo(a) eterno, a fim de que, tendo-me resgatado(a) por vós, por vós me receba.

Ó Mãe de misericórdia, concedei-me a graça

de obter a verdadeira Sabedoria de Deus e de me colocar, para isso, entre o número daqueles(as) que amais, ensinais, guiais, alimentais e protegeis como vossos(as) filhos(as) e escravos(as).

Ó Virgem fiel, tornai-me em tudo perfeito(a) discípulo(a), imitador(a) e escravo(a) da Sabedoria encarnada, Jesus Cristo, vosso Filho; que eu chegue, por vossa intercessão e a vosso exemplo, à plenitude da sua idade na terra e da sua glória no céu. Amém.

Texto oficial do método
de São Luís Maria de Montfort

ORAÇÃO DE LIBERTAÇÃO DAS MALDIÇÕES

Em nome do Pai, do Filho e do Espírito Santo. Amém!

Em nome e no poder de Jesus Cristo, o Senhor, pelo seu sangue derramado, e pela intercessão da Virgem Maria, eu:

Anulo toda maldição que eu mesmo tenha lançado contra mim mesmo.

Torno sem efeito toda praga, toda imprecação que porventura eu tenha lançado na minha vida.

Desfaço toda palavra má que eu mesmo falei a respeito do meu futuro.

Desfaço todo pacto que eu tenha feito com Satanás, quer seja direta, ou indiretamente.

Declaro anulada toda maldição que porventura eu tenha lançado contra meus negócios, contra meus estudos, planos e tudo o que tenho.

Glória ao Pai, ao Filho, e ao Espírito Santo, como era no princípio...

Em nome e no poder de Jesus Cristo, o Senhor, pelo seu sangue derramado, e pela intercessão da Virgem Maria, eu:

Anulo toda e qualquer maldição que lançaram contra mim.

Torno sem efeito toda maldição lançada contra meus antepassados, das quais eu e meus familiares estejamos experimentando seus efeitos.

Desfaço todo pacto que meus antepassados fizeram com Satanás, quer seja direta ou indiretamente.

Declaro anulada toda maldição lançada contra meus negócios, estudos, planos e contra tudo que tenho.

Glória ao Pai, ao Filho, e ao Espírito Santo, como era no princípio...

Em nome e no poder de Jesus Cristo, o Senhor, pelo seu sangue derramado, e pela intercessão da Virgem Maria, eu:

Anulo toda e qualquer maldição que lancei contra outras pessoas.

Torno sem efeito toda maldição que eu tenha

lançado contra meus filhos, pais, avós etc. *(falar os nomes)*.

Declaro sem efeito toda praga que porventura eu tenha lançado na vida das pessoas.

Declaro anulada toda maldição lançada contra os negócios do meu próximo, contra tudo que ele é e tem.

Glória ao Pai, ao Filho, e ao Espírito Santo, como era no princípio...

Em nome e no poder de Jesus Cristo, o Senhor, pelo seu sangue derramado, e pela intercessão da Virgem Maria, eu:

Desejo perdoar de todo coração as pessoas que não tenho conseguido amar o bastante *(dizer os nomes)* — declaro que o rancor e o ódio não mais têm poder sobre mim.

Desejo restituir àquele(s) que lesei, àqueles a quem fui injusto — declaro que o Senhor me dará a sabedoria necessária para fazê-lo.

Desejo romper com a vida de pecado, ou atitudes de pecado que esteja cometendo — declaro que o Senhor é o meu libertador.

Desejo renunciar a todo e qualquer vício — declaro que de agora em diante nenhum mal tem poder sobre mim.

Desejo abençoar todas as pessoas que me perseguiram *(dizer os nomes)* — declaro de hoje em diante que elas estão debaixo do poder de Deus.

Glória ao Pai, ao Filho, e ao Espírito Santo, como era no princípio...

Em nome e no poder de Jesus Cristo, o Senhor, pelo seu sangue derramado, e pela intercessão da Virgem Maria, eu:

me comprometo de hoje em diante a somente lançar palavras de vida, de vitória na minha vida e na vida do meu irmão;

me comprometo a pagar o dízimo segundo o costume de minha paróquia;

me comprometo a cumprir com amor todos os mandamentos de Deus, especialmente aqueles que dizem respeito ao amor para com os pais e para com o cônjuge;

me comprometo a tentar ter um meio digno de subsistência;

me comprometo, de hoje em diante, a não ser negligente para com as coisas de Deus;

me comprometo a ser misericordioso para com os pobres;

me comprometo a transmitir com seriedade o evangelho de Jesus.

Roberto Andrade Tannus

DEUS DO UNIVERSO

Deus único. Vem em meu auxílio, substância una, eterna e verdadeira, em quem não há discrepância, confusão, mudança, indigência nem morte. Onde há plena concórdia, total evidência, total constância, suma plenitude e vida plena. Em quem nada falta, nada sobra. Em quem aquele que gera e o que é por ele gerado são um só. Deus, a quem servem todas as criaturas capazes de servir, a quem obedece toda alma boa. Por cujas leis giram os corpos celestes, os astros cumprem seus cursos, o sol traz o dia, a lua suaviza a noite e todo o mundo, à medida que o suporta a matéria sensível, mantém uma grande constância em relação às ordens estabelecidas e reiterações, isto é, no decurso dos dias: pela alternância da luz e da noite; no decorrer dos meses: pelas fases lunares; no decurso dos anos: pelas sucessões da primavera, verão, outono e inverno; no decorrer de intervalos de cinco anos: pela conclusão do curso solar; no decurso de grandes períodos: pelo retorno dos astros aos seus cursos. Deus, por cujas leis subsistentes na eternidade não se permite que se perturbe o movimento instável das coisas mutáveis, o qual, em virtude dos freios dos mundos circunvolventes, sempre se reitera à guisa de estabilidade; por cujas leis o homem tem livre arbítrio, sendo consequentemente distribuídos prêmios aos bons e castigo aos maus, em tudo de acordo com exigências estabelecidas. Deus, de quem procedem até nós todos os bens, por cuja força coercitiva são afastados de nós todos os males. Deus, acima de quem nada existe. Deus, abaixo de quem está tudo, em quem está tudo, com quem está tudo. Que fizeste o homem à tua imagem e semelhança, fato este que é reconhecido por aquele que se conhece a si mesmo. Ouve-me, ouve-me, meu Deus, meu senhor, meu rei, meu pai, meu criador, minha esperança, minha realidade, minha honra, minha residência, minha pátria, minha salvação, minha luz, minha vida. Ouve-me, ouve-me, ouve-me com aquele teu jeito bem conhecido de poucos.

Santo Agostinho († 430) — Solilóquios

ORAÇÃO PEDINDO A PAZ DE JESUS

Jesus, venha e caminhe entre nós.

Sua primeira vinda à terra mudou o curso da história. Uma estrela de esperança brilhou no céu. Sua luz nunca se apagará. Nenhuma escuridão, nenhuma tragédia poderia jamais diminuir seu brilho.

Sua vida, morte e ressurreição proclamaram para todas as eras que o bem prevalecerá, que o amor dominará o ódio, que a vida é mais forte que a morte, que seu Reino chegará aos confins da terra.

Altas muralhas não podem detê-lo, nem as armas de guerra podem evitar o alastramento de sua paz. Algo menor permanece em seu caminho e retarda a extensão de seu reino sobre a terra. Esse algo é nossa falta de fé.

Conhecemos a verdade em nossas mentes, mas acreditamos de coração?

O poder em seus braços de trazer a paz excede todo o poder humano de causar a guerra. Todo o ódio que divide as pessoas não pode igualar-se ao poder de seu amor de uni-las, de curá-las e libertá-las.

Ainda assim aqui está você ao alcance de nossas mãos sobre nosso altar e as guerras ainda continuam a acontecer. As pessoas morrem todos os dias por causa da violência. Para milhares de pessoas a paz e a liberdade continuam sendo um sonho sem esperança.

Que fizemos, que deixamos de fazer? Ensine--nos. Talvez em nossa cegueira tenhamos pedido a você o que temos negado a outros, paz. Como podemos esperar que sua mão direita se abra para nós, quando temos fechado ambas as mãos para outro ser humano? Abra nossos olhos para que possamos ver.

Temos estado cegos aos nossos pecados, surdos ao seu chamado para o arrependimento, indiferentes aos sentimentos e às necessidades dos outros. Perdoe-nos.

Aqui sobre nosso altar, você tem vivido entre nós, amando, acolhendo, com poder em suas mãos para curar o passado e redimir o futuro. Celebremos este dia em que você nos chama para sermos seus apóstolos para todos os que estão próximos e afastados de nós.

ORAÇÃO PEDINDO BÊNÇÃO

Jesus, venha e caminhe entre nós.

Em muitas terras seu nome é desconhecido, seu poder está oculto, suas boas-novas jamais ouvidas. As pessoas ainda vivem nas trevas, esperando por um pregador que lhes diga onde está a luz.

Elas suportam suas dores e mágoas porque nunca ouviram que você é o Curador. Continuam adorando ídolos porque o verdadeiro Deus não lhes foi revelado.

Nossos corações vão até elas.

E, quando somamos todas as bênçãos que temos recebido, vemos que temos falhado com tanta frequência. Temos sido dignos do seu chamado para sermos seus seguidores? Temos valorizado sua presença aqui tão perto de nós? Temos libertado seu poder sobre nossas próprias vidas e dividido isto com os outros?

Qualquer que seja o passado, que hoje seja um novo início. Deste altar, enviamos sua bênção aos confins da terra.

Busque aqueles que estão procurando a verdade. Conduza-os para a luz de modo que todos possam conhecer você, que é a luz do mundo.

Busque todos aqueles que adoram falsos deuses. Você os ama e morreu por eles. Conceda que, através de nossas orações aqui, eles possam ser abençoados neste dia e trazidos para perto de você.

Busque neste dia todos aqueles que sofrem por sua fé. Conforte-os em sua dor. Auxilie-os em suas provações e recompense-os por sua fidelidade.

Abençoe também todos aqueles que oprimem a outros por suas crenças. Dê-lhes um novo coração. Converta-os do erro de seus caminhos para a crença em você.

Senhor, agradecemos por este dia e por este momento que passamos com você. Abençoe-nos agora quando tomamos nosso caminho. Faça que sua luz brilhe através de nossas palavras e de todos os nossos atos.

ORAÇÃO PEDINDO RIQUEZA ESPIRITUAL

Jesus, venha e caminhe entre nós.

Busque aqueles que têm medo de viver e não o sabem. Livre suas mentes do futuro incerto, de modo que possam viver hoje plenamente, gratamente, amando intensamente a dádiva do momento presente.

Busque aqueles que possuem dinheiro e riquezas, mas passam seus dias sem paz no coração. Ensine-lhes que a fortuna compartilhada com os necessitados liberta o coração humano e traz a alegria a muitos; a riqueza acumulada traz culpa, arrependimento e medo. Ensine a todos nós que nossa verdadeira fortuna não está no que possuímos, mas sim no que somos.

Somos filhos de Deus, redimidos por você a um alto preço. Você chama a cada um de nós pelo nome, ensina-nos a verdade, caminha conosco na vida, espera por nós na morte e nos acolhe nos portões do Paraíso. Somos ricos na verdade.

Mas dinheiro e poder sempre fizeram as pessoas esquecerem sua verdadeira dignidade e seu destino final.

Busque hoje todos os que estão morrendo.

Você conhece a solidão da hora final, os medos, os arrependimentos, a dor. Achegue-se a cada leito de morte, acalme todo coração angustiado, cure toda lembrança dolorosa.

Você, que sempre tem feito tanto para cada um de nós, mais do que certamente trará sua paz e seu perdão derradeiros a todos os moribundos.

Deste altar nós agora enviamos nossa prece e sua bênção para todos sobre a terra, cujo momento final se aproxima. Você viveu, morreu e ressuscitou por nós. Complete o trabalho que você iniciou e conduza-nos a todos para a felicidade do Paraíso.

ORAÇÃO PELAS NECESSIDADES DO MUNDO

Jesus, louvor e graças a você por tudo o que tem feito por nós. Não podemos jamais duvidar de seu amor, especialmente quando o vemos sobre nosso altar.

Eleve o nível de nossa consciência para que possamos trazer-lhe em oração as necessidades de todo o mundo.

Faça com que a dor de todas as crianças famintas do mundo entre em nossos corações para que sua prece se torne a nossa. E que a culpa daqueles que causam a fome seja nossa. Então possa você ouvir em nossa oração a súplica do culpado e o pranto do faminto, e responder com perdão e compaixão.

Você veio para trazer a vida e a paz sobre a terra.

Mas existem violência, morte e derramamento de sangue em tantos lugares! Homens, mulheres e crianças são ceifados. O temor da guerra pende sobre nós.

O que pode nos salvar do desespero? O que pode nos fazer deixar de achar que o mal é mais poderoso que o bem, que a morte é mais forte que a vida? Somente você. Você expulsou Satanás e o esmagou. Você levantou-se do túmulo e venceu a morte. A morte não dura mais que um momento, a vida é eterna.

Aqui sobre o altar seu poder é irredutível. Eleve o nível de nossa fé para que possamos levar seu poder conosco para nossas ruas divididas, nossos lares violentos e nossa gente furiosa.

Compartilhamos da culpa pela violência na terra.

Cure-nos, perdoe-nos. Deixe que sua vida e sua paz reinem em nossos corações. Deixe que o poder de seu amor acalme toda a raiva humana, cure toda a amargura, silencie as armas de guerra, varra da face da terra os demônios da violência, e estenda pelo mundo seu reinado de vida, de paz, de verdade e de amor.

CONFIAR NA PROVIDÊNCIA

Tomai, Senhor, e recebei
toda a minha liberdade,
minha memória,
minha inteligência
e toda a minha vontade,
tudo o que tenho e possuo.

Vós mo destes,
a vós, Senhor, o restituo.
Tudo é vosso;
disponde de tudo inteiramente,
segundo a vossa vontade.
Dai-me vosso amor e graça,
que isso me basta.

Senhor,
ensinai-me a ser generoso,
a servir-vos como mereceis,
a dar sem contar,
a lutar sem temer os ferimentos,
a trabalhar sem buscar repouso,
a me dedicar sem esperar
outra recompensa que não seja
Vossa Santíssima Vontade. Amém.

Santo Inácio

ENTREGO-ME A TI, SENHOR

Tu és, Jesus Cristo,
todo o bem que há em mim,
minha única herança
e toda a minha riqueza.
Para que quero mais?
De tal modo és minha ambição,
que não quero viver para mim mesmo.
Diz-me se há algo no entanto
que devo sacrificar para agradar-te,
e concede-me força para fazê-lo.

Toma posse
de quanto sou e tenho.
Entrego-te meus sentimentos,
dou-te minhas afeições,
a toda recompensa renuncio,
e deixo toda procura
que não sejas tu.
Possuir-te a ti
me basta.

Santo Afonso Maria de Ligório
(1696-1787)

PARA ONDE IR?

Senhor, para onde irei?
Para onde Jesus iria:
para a ovelha mais tresmalhada,
para o irmão mais doente,
para os mais abandonados,
para os que têm menos pastores,
para os mais cativos do demônio,
para os mais cegos,
para os mais perdidos...

Charles de Foucauld

PROGRAMA DE VIDA

Nenhuma manhã
sem oração fervorosa.
Nenhum trabalho
sem boa intenção.
Nenhuma alegria
sem um obrigado a Deus.
Nenhuma palavra sem
me lembrar do Onipresente.
Nenhum sofrimento
sem serena resignação.
Nenhuma ofensa
sem perdão.
Nenhuma falta
sem arrependimento.
Nenhuma ação do próximo

sem ser interpretada
benignamente.
Nenhuma boa obra
sem humildade.
Nenhum pobre
sem auxílio.
Nenhum sofredor
sem uma palavra de
conforto.
Nenhuma noite
sem exame de consciência.

Madre Francisca Lechner

NA MÃO DE DEUS

Na mão de Deus, na sua mão direita,
descansou afinal meu coração.
Do palácio encantado da ilusão
desci a passo e passo a escada estreita.

Como as flores mortais, com que se enfeita
a ignorância infantil, despojo vão,
depus do ideal e da paixão
a forma transitória e imperfeita.

Como criança em lôbrega jornada,
que a mãe leva no colo agasalhada
e atravessa, sorrindo vagamente,

selvas, mares, areias do deserto,
— dorme teu sono, coração liberto,
dorme na mão de Deus eternamente!

Antero de Quental (1842-1891)

CAMINHO, VERDADE E VIDA

Nós te seguiremos,
Senhor Jesus.
Mas, para que te sigamos,
chama-nos.
Pois, sem ti,
ninguém caminha.

Tu és, com efeito,
o caminho,
a verdade
e a vida.

Recebe-nos
como estrada acolhedora.
Acalma-nos
como só a verdade pode acalmar.
Vivifica-nos
porque só tu és a Vida.

Santo Ambrósio (340-397)

CONDUZ-ME, DOCE LUZ

Conduz-me, doce luz,
através das trevas que me cercam,
conduz-me sempre mais longe!
A noite é como uma tinta negra,
estou longe de tua casa,
conduz-me sempre mais longe!
Ampara meus passos,
não peço para ver desde agora
aquilo que devo ver mais adiante.
Basta, para mim, um único passo de cada vez.

Mas nem sempre fui assim,
nem sempre rezei para que me conduzisses,
cada vez mais longe...
gostava de escolher, eu mesmo,
o meu caminho...
Mas, agora, conduz-me tu,
sempre mais longe...

Fascinavam-me os dias de glória
e, apesar do medo,
o orgulho dominava minha vida.
Não te lembres mais dos anos já escoados...
durante tanto tempo teu poder me abençoou;
certamente ele saberá conduzir-me ainda,
cada vez mais longe...
pelo deserto, pelo pântano,
sobre as rochas abruptas,
pela força das torrentes,

até que a noite tenha ido embora
e que venha a manhã sorridente.

Que esses rostos de anjo, que amei outrora,
e que perdi de vista durante muito tempo,
voltem novamente a brilhar.

Conduz-me, doce luz,
conduz-me tu,
sempre mais longe...

Cardeal Newman (1801-1890)

ORAÇÃO DE SANTO TOMÁS DE AQUINO

Senhor: que eu chegue até vós
por um caminho reto e seguro,
para que não me desvie na prosperidade
ou na adversidade.

Nas horas felizes vos agradeço, nas tristes eu tenha paciência; na felicidade não me exalte, na tristeza não desanime.

Nada me alegre, senão o que me leva a vós; nada me entristeça, senão o que vos desagrada.

Que eu despreze, por vossa causa, tudo o que passa; que eu dê valor a tudo o que vos diz respeito, sobretudo e acima de tudo a vós, meu Deus!

Qualquer alegria que envolva pecado — seja para mim aborrecimento. Que o trabalho convosco seja agradável, e sem vós, insuportável.

— Dai-me a graça de erguer a vós o meu coração, e de reconhecer meu erro quando cair.

— Tornai-me, Senhor, obediente, pobre e casto.

— Tornai-me paciente, sem reclamação; humilde sem fingimento; alegre sem exageros; prudente, sem covardia; reservado, sem rigidez; ativo, sem leviandade; cheio do temor de Deus, sem desespero; sincero, sem aspereza.

— Que eu faça o bem, sem presunção; corrija o próximo, sem orgulho; edifique meu irmão, sem falsidade.

— Dai-me um coração vigilante: que nada o leve para longe de vós;

— um coração nobre: que a afeição não o enfraqueça;

— um coração reto: que a má intenção não o desvie;

— um coração firme: que a desgraça não o abale;

— um coração livre: que a paixão não o escravize.

— Dai-me, Senhor, uma inteligência que vos conheça,

uma angústia que vos procure,
uma sabedoria que vos encontre,
uma vida que vos agrade,
uma perseverança que me salve,
uma confiança que vos possua enfim.

Por Nosso Senhor Jesus Cristo...

ORAÇÃO DA SABEDORIA

Ó Deus de nossos pais, reconhecemos a necessidade infinita que temos de vossa Divina Sabedoria. Rogamo-vos com toda urgência possível e com a mais profunda humildade:

Enviai-nos, Senhor, essa sabedoria para assistir nossa fraqueza, para esclarecer nossos espíritos, para abrasar nossos corações, para falar e agir, para trabalhar e sofrer em harmonia convosco, para dirigir nossos passos e para preencher nossas almas das virtudes de Jesus Cristo e dos dons do Espírito Santo.

Pois só ela encerra todos os vossos bens.

Pai misericordioso, rogamo-vos o tesouro infinito de Vossa Divina Sabedoria. Amém.

São Luís Maria de Montfort

ORAÇÃO DE SALOMÃO

(Sb 9,1-4.6.10.12)

Deus dos Pais e Senhor de misericórdia, que por tua palavra tudo fizeste e por tua Sabedoria formaste o homem, para dominar as criaturas que chamaste à existência!

Tu, que o formaste para governar o mundo com santidade e justiça e exercer o julgamento com retidão de alma, dá-me a Sabedoria que partilha do teu trono e não me excluas do número de teus filhos.

Por mais que alguém entre os filhos dos homens seja perfeito, seria considerado um nada, se lhe faltasse a Sabedoria que vem de ti. Envia-a dos santos céus e manda-a do teu trono glorioso, para que me acompanhe e participe de meus trabalhos, e eu saiba o que te é agradável.

Então minhas obras te serão agradáveis, governarei o teu povo com justiça e serei digno do trono de meu pai.

MEU SENHOR E MEU DEUS...

Eu te invoco, Deus Verdade, em quem, por quem e mediante quem é verdadeiro tudo o que é verdadeiro. Deus Sabedoria, em quem, por quem e mediante quem têm sabedoria todos os que sabem. Deus, verdadeira e suprema Vida, em quem, por quem e mediante quem tem vida tudo o que goza de vida verdadeira e plena. Deus Felicidade, em quem, por quem e mediante quem são felizes todos os seres que gozam de felicidade. Deus Bondade e Beleza, em quem, por quem e mediante quem é bom e belo tudo o que tem bondade e beleza. Deus Luz inteligível, em quem, por quem e mediante quem tem brilho inteligível tudo o que brilha com inteligência.

Deus, cujo reino é o mundo inteiro, a quem o sentido não percebe. Deus, de cujo reino procede também a lei para os reinos da terra. Deus, de quem separar-se significa cair, a quem retornar significa levantar-se, em quem permanecer significa ser firme. Deus, de quem afastar-se é morrer, ao qual voltar é reviver, em quem habitar é viver. Deus, a quem ninguém deixa senão enganado, a quem ninguém busca senão estimulado para isso, a quem ninguém encontra senão purificado. Deus, a quem abandonar é o mesmo que perecer, a quem acatar é o mesmo que amar, a quem ver é o mesmo que possuir. Deus, a quem a fé nos estimula, a esperança nos eleva, o amor nos une.

Santo Agostinho († 430) — Solilóquios

DAI-ME SABEDORIA

Senhor Deus, Pai da natureza e de toda a criação, quero louvar-vos e bendizer-vos nesta manhã maravilhosa. Suplicar-vos a humildade e a compreensão, a simplicidade e a pureza de coração.

Que nesta manhã eu saiba amar e deixar-me ser amado por meus irmãos, para que eu não me perca na incredulidade e na insensatez.

Que nesta manhã e no decorrer do dia, estejam longe de mim e de meus irmãos, a inveja, a raiva, o rancor, o ciúme, a crítica e o medo de sermos nós mesmos.

Senhor, que estejais presente em meu modo

de ser, de agir e de pensar. Ajudai-me a aceitar aquilo que precisa ser aceito, e também compreender meus irmãos no dia a dia. Que meu olhar transmita o vosso amor. Que as minhas ações vos revele a todos.

Que o meu testemunho seja o amadurecimento da minha conversão e, neste dia, pela graça do vosso Espírito Santo, esteja eu aberto às mudanças e às transformações necessárias para melhor vos servir na pessoa de meu irmão. Porque hoje compreendo que nada muda à minha volta se eu não mudar primeiro.

Peço-vos, Senhor, que me conduzais pelo mesmo caminho que conduzistes São Luís Maria de Montfort, para que, como ele, possa eu ser achado digno de vós, obtendo a mesma Sabedoria e felicidade daquele que, tornando mestre e guia da minha vida, seja ainda mestre e guia dos meus irmãos e de toda a nossa comunidade. Amém.

PEQUEI, SENHOR

Pequei, Senhor, mas não porque hei pecado
da vossa alta clemência me despido,
porque quanto mais tenho delinquido,
vos tenho a perdoar mais empenhado.

Se basta a vós irar tanto pecado,
a abrandar-vos sobeja um só gemido,
que a mesma culpa que vos há ofendido,
vos tem para o perdão lisonjeado.

Se uma ovelha perdida e já cobrada
glória tal e prazer tão repentino
vos deu, como afirmais na sacra história,

eu sou, Senhor, a ovelha desgarrada;
cobrai-a e não queirais, pastor divino,
perder em vossa ovelha a vossa glória.

Gregório de Matos (1633-1696)

ACOLHE-ME, SENHOR

Amo somente a ti, sigo somente a ti, busco somente a ti, estou disposto a servir somente a ti e desejo estar sob a tua jurisdição, porque somente tu governas com justiça. Manda e ordena o que quiseres, mas sana e abre meus ouvidos para ouvir tuas palavras; sana e abre meus olhos para enxergar os teus acenos. Afasta de mim a ignorância para que eu te reconheça. Dize-me para onde devo voltar-me para ver-te e espero fazer tudo o que mandares. Suplico-te: recebe teu fugitivo, Senhor e Pai clementíssimo; já sofri muito; já servi demais aos teus inimigos, os quais sujeitas sob teus pés; por muito tempo fui ludibriado por falácias. Recebe-me, que sou teu escravo fugindo deles, que me receberam, estranho a eles, quando eu fugia de ti. Sinto em mim que devo voltar a ti. Abra-se tua porta para mim, que estou batendo. Ensina-me como chegar a ti. Nada mais tenho que a vontade. Nada mais sei senão que se deve desprezar as coisas passageiras e transitórias e procurar o que é certo e eterno. Faço-o, Pai, porque é a única coisa que sei; porém, ignoro como chegar a ti. Ensina-me, mostra-me, oferece-me as provisões para a viagem. Se é com a fé que te encontram os que se refugiam em ti, dá-me fé; se é com a força, dá-me força; se é com a ciência, dá-me ciência. Aumenta em mim a fé, aumenta a esperança, aumenta o amor. Ó admirável e singular bondade tua!

Santo Agostinho († 430) — Solilóquios

QUANDO REZAR OS SALMOS

Há um salmo para cada situação, para cada ocasião. Porque os autores deles são pessoas que passaram, como nós, pelas mais diferentes condições e retrataram nos Salmos os seus sentimentos.

Seguem aqui algumas sugestões para você aplicar os Salmos às diversas situações que encontra na vida.

Para pedir sabedoria: 1, 24
Quando me sinto oprimido: 2
Quando estou confiante: 3, 15, 22, 27, 39, 40, 45, 126, 129, 130
Para descansar em Deus: 4
Na insegurança: 5
Quando estou arrependido: 6
Na perseguição: 7, 82, 139
Louvando a Deus: 8, 18, 28, 32, 35, 47, 64, 75, 91, 95, 98, 107, 110, 112, 116, 134, 135, 137, 148, 149, 150
Para me alegrar em Deus: 9
Na aflição: 10, 55, 59, 63, 73, 78
Pedindo proteção: 11, 16, 19, 53, 58, 90, 120, 124
Buscando refúgio: 12, 34, 56, 60, 61, 141
Na descrença: 13, 52
Para bem agir: 14, 33, 36, 38, 48, 74, 100, 111
Para dar glória a Deus: 17, 65, 76, 86, 92
Para agradecer: 20, 29, 66, 102, 106, 114, 115, 123, 125, 128

No sofrimento: 21, 68
Na presença de Deus: 23, 83, 138
Pedindo justiça: 25, 57, 71, 81, 93, 108
Para pedir a esperança: 26
Procurando abrigo: 30
Pedindo perdão: 31, 37, 50
No desânimo: 41
Quando estou abatido: 42, 101
Na angústia: 43, 87, 142
Para festejar: 44, 80
Na alegria: 46
Para uma religião pura: 49
Diante do mal: 51
No perigo: 54
Em busca de Deus: 62
Celebrando o passado: 67, 77, 88, 104, 105, 136
Pedindo socorro: 69, 140
Na solidão: 70
Na incerteza: 72
Pedindo salvação: 79
Pedindo a paz: 84, 119
Na provação: 85
Para pedir graças: 89, 143
Começando a rezar: 94, 99
Na alegria: 96, 97, 145, 146, 147
Olhando o mundo: 103
Celebrando a salvação: 109, 113, 117, 131
Para seguir a voz de Deus: 118
Para abençoar a família: 127
Vivendo a fraternidade: 132
Oração da Noite: 133

Pensando na vida: 1, 5, 6, 15, 19, 26, 36, 37, 38, 40
Olhando o mundo: 2, 13, 21, 22, 23, 28, 33, 36, 39
Começando o dia: 2, 6, 9, 11, 15, 30, 34, 37, 38, 40
Acabando o dia: 3, 9, 10, 16, 18, 20, 35
Pedindo ajuda: 4, 7, 12, 24, 31, 40
Voltando a Deus: 8, 10, 13, 18, 24, 35
Confiando em Deus: 9, 12, 15, 16, 25, 27, 28, 29, 36
Louvando o Senhor: 14, 17, 21, 22, 32, 41
Precisando de alegria: 24, 31, 42
Cantando a alegria: 25, 30, 32, 37, 41

FSC
www.fsc.org
MISTO
Papel produzido a partir de fontes responsáveis
FSC® C132240

A marca FSC® é a garantia de que a madeira utilizada na fabri-ção do papel deste livro provém de florestas que foram gere-ciadas de maneira ambientalmente correta, socialmente justa economicamente viável.

Este livro foi composto com as famílias tipográficas Times e Times New Roman e impresso em papel Offset 75g/m² pela **Gráfica Santuário.**